DARCY RIBEIRO

Dados Internacionais de Catalogação na Publicação (CIP)
(Câmara Brasileira do Livro, SP, Brasil)

Gomes, Mércio Pereira
    Darcy Ribeiro / por Mércio Pereira Gomes. – São Paulo : Ícone, 2000. – (Série pensamento americano / coordenador da série Wanderley Loconte)

    Bibliografia
    ISBN 85-274-0613-6

    1. Antropólogos – Brasil – Biografia 2. Ribeiro, Darcy, 1922-1997 I. Loconte, Wanderley. II. Título. III. Série.

00-2260   CDD-301.092

Índices para catálogo sistemático:

1. Antropólogos : Biografia e obra   301.092

DARCY RIBEIRO

Por **Mércio Pereira Gomes**

Coordenador da série
Wanderley Loconte

© Copyright 2000.
Ícone Editora Ltda

Projeto editorial e edição de texto
Wanderley Loconte

Revisão e preparação de originais
Antônio Carlos Tosta

Diagramação
Andréa Magalhães da Silva

Pesquisa iconográfica
A&I / Álvaro Rios
Foto da capa e págs. 7, 17 e 59: Luciana Whitaker / Folha Imagem
Foto da pág. 45: Reprodução/AE/Darcy Ribeiro, Educador no
Centro Integrado de Educação Pública Maestro Gustavo Capanema
Foto da pág. 28: acervo Museu do Índio

Proibida a reprodução total ou parcial desta obra,
de qualquer forma ou meio eletrônico, mecânico,
inclusive através de processos xerográficos,
sem permissão expressa do editor
(Lei nº 5.988, 14/12/1973).

Todos os direitos reservados pela
ÍCONE EDITORA LTDA.
Rua das Palmeiras, 213 — Sta. Cecília
CEP 01226-010 — São Paulo — SP
Tel./Fax.: (11) 3666-3095

ÍNDICE

Vida e obra 7

Época e pensamento 17

Temas 59

Darcy e os índios 61
Darcy e a antropologia 76
Darcy e a educação 85
Darcy e a literatura 93
Darcy e a política 100

Bibliografia 121

Luciana Whitaker/Folha imagem

Vida e obra

"Vivi sempre pregando e lutando, como um cruzado, pelas causas que me comovem: a salvação dos índios, a escolarização das crianças, a reforma agrária, o socialismo em liberdade, a universidade necessária. Na verdade, somei mais fracassos que vitórias em minhas lutas, mas isto não importa. Horrível seria ter ficado ao lado dos que nos venceram nessas batalhas."

Darcy Ribeiro

Darcy Ribeiro é uma figura luminar da geração de brasileiros que amadureceu no pós-guerra. Dono de uma personalidade esfuziante, persistente e hedonista, uma inteligência profusa e imaginativa, uma imensa capacidade de trabalho e um orgulho incontido de ser brasileiro, Darcy viveu tentando equilibrar a paixão com a racionalidade, o teórico com o prático, o amor pela humanidade, pela nação, com o amor por si mesmo. Conseguiu realizar muito do que planejou na vida, mas também sofreu terríveis revezes. Conviveu e trabalhou proximamente com grandes políticos e intelectuais do seu tempo, do Marechal Rondon e Juscelino Kubitschek a Salvador Allende e João Goulart, de Oscar Niemeyer e Sérgio Buarque de Holanda a Anísio Teixeira e Leopoldo Zea. Também angariou inimigos tenazes em virtude de suas convicções políticas e sua lealdade indeclinável aos companheiros de lutas. Carlos Drumond de Andrade falou sobre Darcy, por ocasião de seu aniversário de 60 anos, em 1982: "Darcy é um monstro de entusiasmo que nenhum golpe feroz arrefece, é um ser de esperança e combate. Sete Quedas acabou, mas Darcy é o cara mais Sete Quedas que eu conheço, e este aí engenharia econômica nenhuma ou poder autocrático nenhum podem com ele. Darcy, caudal da vida."

Seu propósito político na vida era lutar para fazer do Brasil um país mais justo, desenvolvido e soberano. Por essa causa lutou a vida inteira, sempre seguro de que devia estar num papel de relevo e no meio do redemoinho político e intelectual do seu tempo.

Darcy acreditava no potencial cultural do povo brasileiro, como povo mestiço, e num destino glorioso para o Brasil. Seu propósito pessoal era gozar a vida de todo o jeito que pudesse, saboreando os bons momentos, ignorando o quanto pudesse as dificuldades e escanteando as derrotas que a vida lhe impunha.

Nasceu a 26 de outubro de 1922, em Montes Claros, no alto sertão de Minas Gerais. Aos três anos de idade seu pai morreu, e então ele e seu irmão mais novo foram criados pela mãe, professora de escola primária. Anos depois, Darcy atribuiu à ausência paterna o fato de ter pouco sentido de auto-repressão. Cresceu num ambiente típico de menino de família tradicional numa cidadezinha mineira, mas com muita liberdade de ação e proximidade com pessoas de outras classes sociais, o que o ajudou a criar um sentimento de brasilidade, experiência semelhante a muitos intelectuais de sua geração.

Aos dezoito anos mudou-se para Belo Horizonte para cursar Medicina, mas desistiu por insuficiência de aprendizado e falta de interesse na profissão. Naquela época acompanhou e participou dos debates que começavam a esquentar o ambiente de universitários em todo o Brasil, sobretudo o que girava em torno do dilema de ser comunista ou integralista. A invasão de Hitler à Rússia na Segunda Grande Guerra o empurrou para o comunismo. Dizia, anos depois, que o comunismo lhe mostrara os problemas do mundo e passara o sentimento de que eles deveriam ser também seus, da responsabilidade pessoal de cada um, enquanto que o integralismo lhe parecera egoísta, provinciano e tacanho.

Em 1944, Darcy se transferiu para São Paulo onde estudou na Escola de Sociologia e Política, tendo como professores Donald Pierson, Sérgio Buarque de Holanda, Emílio Willems e Herbert Baldus, entre outros, que encaminhavam toda uma geração de estudantes a fazer pesquisa sociológica e antropológica para melhor analisar e interpretar os problemas brasileiros.

Com a deposição de Getúlio Vargas, em 1945, e a convocação de uma Assembléia Constituinte, Darcy participou ativamente na eleição dos candidatos do partido comunista, especialmente de Caio Prado Júnior, como dirigente da célula comunista da Estação da Luz.

No ano seguinte, Darcy concluiu o bacharelado em Ciências Sociais e mudou-se para o Rio de Janeiro, onde passou a trabalhar como naturalista do Serviço de Proteção aos Índios – SPI, junto ao Marechal Cândido Rondon, por quem nutriu uma imensa admiração. Sua opção pelo trabalho com os índios, que pode ter parecido para muitos como precipitada e sem futuro, se deveu certamente à sua ambição de trilhar um caminho mais inusitado, abrir seu próprio espaço no panorama intelectual brasileiro e conhecer o Brasil começando por suas origens.

Darcy trabalhou no SPI de 1947 até 1956, tempo que ele, anos mais tarde, iria considerar o melhor de sua vida. Conheceu o interior do Brasil e conviveu com índios Kaingang, Xokleng, Ofayé-Xavante, Guarani, Kaiowá-Guarani, Terena, Kadiwéu, Bororo, Xavante, Carajás, os Xinguanos, Guajajara, Tembé, Krêjê e Urubu-Ka'apor. Publicou textos acadêmicos em revistas especializadas e elaborou relatórios e planos administrativos de orientação prática para o SPI, aliando o interesse teórico com a responsabilidade política. Seus trabalhos mais expressivos desses anos foram os estudos sobre parentesco, religião, mito e arte pictórica dos Kadiwéu, a descrição e análise da arte plumária dos Ka'apor (junto com sua mulher, Berta Ribeiro), os roteiros e as produções dos filmes sobre o funerário Bororo e sobre a vida contidiana dos Urubu-Ka'apor, além de um estudo, encomendado pela ONU sobre as causas da extinção dos povos indígenas brasileiros. Naquela época, Darcy criou, junto com o Marechal Rondon e o sertanista Orlando Villas-Boas, o projeto para o Parque Nacional do Xingu (1952) e inaugurou o Museu do Índio, no Rio de Janeiro (1953), que passou a servir como centro de estudos sobre a questão indígena e de divulgação das culturas indígenas. Refletindo sobre esses anos todos, Darcy costumava dizer que foram os índios que o fizeram um intelectual de renome internacional e que pouco pudera fazer por eles em retribuição.

Darcy também criou o primeiro curso de pós-graduação em Antropologia no Brasil (1955), sediado no Museu do Índio, onde lecionava Antropologia e preparava alunos para pesquisas sobre a situação dos povos indígenas no Brasil. Com a mudança do governo e da direção do SPI, em 1956, Darcy se exonerou e ingressou como professor da cadeira de Etnologia e Língua Tupi na Faculdade de Filosofia da Universidade do Brasil.

Convidado por Anísio Teixeira, diretor do Instituto Nacional de Estudos e Pesquisas Educacionais – INEP – e discípulo do filósofo americano John Dewey, Darcy implantou um novo curso de pós-graduação, desta vez com o intuito de fazer pesquisas sobre o Brasil rural e interiorano. Mais de trinta teses foram desenvolvidas até 1964, quando o regime militar interferiu no Instituto, perseguindo muitos dos seus principais nomes.

Com base nesses anos de pesquisa e estudos, Darcy escreveu, já no exílio, a primeira versão de seu livro, *O Povo Brasileiro*, cuja versão final só iria sair em 1995. Anísio Teixeira iria ser outra grande influência político-intelectual de Darcy, levando-o para a área de educação popular e universitária no Brasil.

Em 1959, Darcy e Anísio foram comissionados pelo presidente Juscelino Kubitschek para elaborar o projeto de uma universidade a ser instalada na nova capital do país. Apesar das resistências de muitos professores universitários, que achavam perda de dinheiro fazer uma tal universidade naquela lugar, e da Igreja Católica, que queria fazer sua própria universidade, Darcy e Anísio conseguiram convencer muitos intelectuais brasileiros para o seu projeto, comprometendo-os com a ida para Brasília. Para compatibilizar os interesses da Igreja, eles convidaram a ordem dominicana para criar uma faculdade de teologia, fato inédito numa universidade pública. Curiosamente, a Universidade de Brasília iria sair, em forma de lei, no mesmo dia da renúncia do presidente Jânio Quadros, quando Darcy conseguiu convencer os senadores, atordoados sem saber o que fazer com o bilhete deixado pelo renunciante, a pôr em votação o projeto da universidade. No governo do presidente João Goulart, a universidade saiu do papel e Darcy foi convidado para ser o seu primeiro reitor, cargo que exerceu até ser convidado para ser ministro da Educação e depois chefe da Casa Civil do mesmo governo.

Darcy entrou de corpo e alma no governo Goulart. Foi responsável pela coordenação dos dois projetos que considerava os mais importantes daquele governo, e que no seu entender foram as causas fundamentais de sua derrubada pelo golpe militar de abril de 1964. Um desse projetos era o das Reformas de Base, que compreendiam a reforma agrária, a reforma educacional, uma reforma tributária e outras mais. O outro projeto era a regulamentação da lei que restringia a remessa de lucros de empresas estrangeiras.

A reforma educacional foi iniciada com a promulgação da Lei de Diretrizes e Bases da Educação, em 1963, modificada pelo regime militar em 1969, e recriada por uma nova lei, em 1996. As demais reformas foram abortadas pelo regime militar.

Exilado, Darcy escolheu ficar na América Latina, onde apreendeu o sentido do sonho de Bolívar de construir uma pátria latino-americana. Começou vivendo em Montevidéu, lecionando na Universidade Oriental, onde elaborou e preparou para publicação os primeiros cinco volumes da série *Estudos de Antropologia da Civilização* (1968-78), que constitui sua principal obra intelectual. Em 1968, voltou ao Brasil na expectativa de que o movimento estudantil e popular contra a ditadura militar iria enfraquecê-la e abrir caminho para a democracia. Errou no cálculo, foi preso e passou seis meses no Forte de Santa Cruz, no Rio de Janeiro. Voltou ao exílio, desta vez para o Chile, onde foi assessor do presidente Salvador Allende. De lá mudou-se para o Peru, indo trabalhar no programa de educação que o general Alvarado tentava implantar como parte de seu governo revolucionário e nacionalista. Nesses anos, já com a reputação de ter criado a Universidade de Brasília, Darcy projetou a Universidade Central da Venezuela e a Universidade da Costa Rica, a convite dos respectivos governos.

Em 1974, Darcy descobriu que tinha um câncer no pulmão e decidiu que este seria seu pretexto para voltar ao Brasil. Com a interferência de amigos, o regime militar permitiu o seu retorno para se operar, e Darcy driblou o destino e sobreviveu. Nos anos seguintes ficou indo e voltando a cada seis meses para consultas médicas, até que se estabeleceu de vez no Brasil, a partir de 1976. Nesse ano publicou seu primeiro romance, *Maíra*, que conta a tragédia moderna da morte dos índios brasileiros. Nos anos seguintes publicou mais três romances, *O Mulo*, *Utopia Selvagem* e *Migo* além de diversos estudos sobre educação, universidade e política.

Com a anistia política e a volta dos exilados, Darcy colaborou na formação de um novo partido político, com base na herança dos governos de Getúlio Vargas e João Goulart, o Partido Democrático Trabalhista – PDT. Acreditava na participação popular e de minorias e tinha uma inabalável certeza de que esse partido iria retomar a história do Brasil que fora interrompida pelo regime militar. Em 1982, foi eleito vice-governador do Rio de Janeiro, na chapa de Leonel Brizola. Nomeado Secretário de Cultura e Educação, Darcy criou o

Sambódromo, onde desfilam as escolas de samba do carnaval carioca, a Biblioteca Pública do Estado, a Casa França-Brasil, a Casa de Cultura Laura Alvim, o Monumento a Zumbi dos Palmares — todas instituições de relevo no panorama cultural carioca — e o projeto de implantação de 500 escolas de turno integral, os CIEPs.

Candidato ao governo em 1986, perdeu as eleições, seu maior desapontamento desde a ditadura militar.

Entre 1987 e 1989, elaborou o projeto cultural e ajudou a implantar o Memorial da América Latina, em São Paulo.

Em 1990, foi eleito senador pelo Rio de Janeiro e, a partir de 1991, exerceu, simultaneamente e pela segunda vez, o cargo de Secretário de Educação e Projetos Especiais, quando concluiu a obra de implantação dos CIEPs e criou uma nova universidade para o estado do Rio de Janeiro, localizada nas cidades de Campos, Macaé e Itaocara.

Em 1994, sofreu nova derrota nas urnas, quando participou das eleições presidenciais como candidato a vice-presidente na chapa de Leonel Brizola.

Além de professor emérito pela Universidade Federal do Rio de Janeiro, Darcy recebeu títulos de *doctor honoris causa* de diversas universidades importantes do mundo, tais como Sorbonne, Copenhague, Oriental do Uruguai, Central de Venezuela e Brasília. Suas últimas obras foram *O Povo Brasileiro*, o livro que fecha sua série de *Estudos sobre a Antropologia da Civilização*; *Diários Índios*, que são seus diários de campo dos meses em que conviveu com os índios Ka'apor, entre 1949 e 1951; e *Confissões*, que só foi publicado postumamente.

Darcy Ribeiro faleceu em Brasília, aos 17 de fevereiro de 1997, vítima do recrudescimento do câncer. Seu corpo foi velado no Congresso Nacional, em Brasília, e na Academia Brasileira de Letras, no Rio de Janeiro. Seu féretro foi acompanhado pelas ruas da cidade por uma multidão de amigos e admiradores, e seu enterro na Mausoléu dos Acadêmicos, no cemitério São João Batista, virou um verdadeiro *happening* político-cultural, bem ao seu gosto.

Época e pensamento

"Não importa nem mesmo que nenhuma utopia se realize. Não é preciso. Só é preciso haver utopia."

Darcy Ribeiro

Darcy Ribeiro foi autor de uma vasta obra nos campos da etnologia, antropologia, educação, romance e política. Pensador e homem de ação, sua causa maior era o Brasil, visto em sua diversidade étnica, coesão cultural e autonomia política, ao qual dedicou grande parte de sua vida intelectual e política.

Ele pertencia ao segmento da elite tradicional brasileira que acredita num destino próprio para o Brasil, na participação política e nos propósitos cívicos do serviço público. Nos muitos anos em que foi ministro e secretário de governo, bem como quando ocupou a direção de diversas instituições públicas, jamais houve um deslize em sua integridade moral e administrativa. Agir em conseqüência de uma idéia sempre exige muito de quem atua também na política. A lealdade a idéias, a propósitos políticos, a pessoas e a si mesmo foi uma marca da atuação de Darcy no cenário nacional.

Difícil é separar o pensamento de Darcy de sua ação, já que ele se movia por uma convicção de que os dois interagem dialeticamente. Nas várias atividades intelectuais que exerceu em sua vida profissional, também se encontram posicionamentos políticos equivalentes. Por isso mesmo, ele próprio foi analista de seu pensamento, de sua obra intelectual, de suas atividades práticas e das conseqüências sociais de seu engajamento político. Assim, prestando-lhe homenagem, podemos analisar sua obra e inseri-la no contexto de sua época a partir do modo como ele se via.

Em 1990, aos 67 anos de idade, Darcy achou que era a sua vez de se tornar Senador da República pelo estado do Rio de Janeiro. Uma das peças de sua campanha foi a elaboração de um balanço de sua vida, uma reflexão expositiva sobre sua trajetória pessoal, intelectual e política.

Eis aqui, portanto, um momento de auto-análise e de avaliação da sua coerência político-intelectual. O livro que publicou, a que deu o título de *Testemunho*, apesar de originalmente ter a intenção de convencer eleitores que fazem opinião política, não deixa de ser movido por um espírito crítico e histórico, e serve para se entender não somente a auto-imagem que Darcy fazia de si, como a vida que ele levou e as coisas que queria fazer os seus contemporâneos entender.

Em termos gerais, Darcy se vê como um homem movido por três paixões fundamentais.

A primeira delas é o amor por si mesmo, pelo seu ser e pelo destino que lhe foi reservado e que ele cavou por seu próprio esforço. Nessa paixão, Darcy está sempre falando de si e de seus feitos, convidando o leitor a amá-lo e admirá-lo como ele se ama. Esse tipo de despudoramento caracterizou a imagem pública de Darcy nos últimos vinte anos de sua vida, ou mais precisamente desde que ele retornou do exílio. Em entrevistas e em artigos para jornais, Darcy não demonstrava o menor pejo em fazer declarações do tipo, "Meu sonho era ser imperador", "O Senado é o verdadeiro paraíso, pois dele se pode usufruir em vida", "Me aplaudam, me aplaudam, eu gosto de ser adulado", "Eu sou carente, digam que me amam" e tantas outras mais. Essa exposição de exagerada auto-estima pode ser percebida em seus *Diários Índios*, o livro que traz suas anotações da pesquisa de campo entre os índios Urubu-Ka'apor, feitas entre 1949 e 1951. O seu romance *Migo* é um desabafo desse amor-próprio sem peias.

A segunda é a paixão pela verdade, ou melhor, pela busca da verdade, já que esta ele considerava como um objetivo em processo de elaboração contínuo, de acordo com o melhor espírito científico. Nessa busca havia também o puro deleite do conhecimento por si. Darcy sempre se viu como um homem que quer aprender tudo, que vive para aprender. Mas também é um intelectual que quer convencer outros das verdades que ele considerava que descobrira. Seus livros de etnologia e antropologia são escritos com esse espírito.

Darcy também se deleita com as palavras e com as idéias que delas se formam, gostando de brincar com palavras, qual um poeta, com idéias absurdas e delírios do pensamento. Seus romances são escritos em pequenos capítulos, com o gosto pela palavra escrita e oral, num estilo que tenta recuperar a linguagem arcaica, barroca, próximo do estilo de um Guimarães Rosa ou de um José Saramago. O livro que escreveu para pré-adolescentes, *Noção das coisas*, representa bem seu amor pelas idéias imaginativas. Numa das histórias, ele discute, em forma de gozação, a idéia da criação do zero, que é o nada que funciona; em outra, ele leva o leitor a imaginar que, se o ser humano continuasse a crescer na proporção que se desenvolve o ovo fetal, ele ficaria do tamanho da própria Terra; em outra, ele raciocina que, se o mundo fosse se acabar hoje, melhor seria preservar um agricultor e um mecânico do que um intelectual como ele, que só serve para escrever, ler, contar histórias e tentar convencer as pessoas pelas palavras.

Para Darcy, enfim, ser antropólogo, escrever romances, fazer poesia são as facetas dessa paixão pelo conhecimento. Mas essa paixão não era excludente, pois estava amarrada às circunstâncias da ação política, da necessidade de fazer escolhas, de decidir e agir sobre elas. A grande admiração que Darcy tinha por Anísio Teixeira, o intelectual brasileiro que mais o influenciou em meados da década de 50, se fundava na erudição inquiridora de Anísio

Teixeira e no seu comprometimento com a busca da verdade. Darcy costumava citar uma frase de Anísio segundo a qual ele não tinha compromissos com suas idéias. Isto é que seria o verdadeiro sentimento de quem busca a verdade: não se apegar às idéias que formava, pois elas existiam para serem transcendidas.

A terceira paixão movedora era o amor pelo Brasil, que ele considerava o melhor lugar do mundo para se viver (e o Rio de Janeiro era a cidade esculpida por Deus num momento especial de alegria), o país com as maiores condições para criar e se tornar não só uma, mas *a* nova civilização do futuro. Sua imagem favorita era a de que o Brasil se constituía uma espécie de Nova Roma, isto é, uma extensão da civilização romana, a qual passara momentaneamente por Portugal e viera se estabelecer nos trópicos sul-americanos. Mas ainda, o Brasil seria uma Roma mais bem feita, mais humana e feliz, precisamente porque era mestiço, fruto da junção de três raças originais e de mais quantas apareceram para se amalgamar e formar um só povo.

O livro *O Povo Brasileiro* é a declaração de amor maior de Darcy pelo Brasil. Fruto de muitos anos de reflexão e comparação com a história de outros países, especialmente das Américas, esse livro veio a lume não só como uma declarada *opus magna* do autor, mas também como um brado anti-globalizante, uma recusa a aceitar que a história do mundo estivesse sendo feita por um processo inelutável de homogeneização cultural e de destruição de etnias e nações.

Para Darcy, o mundo podia estar passando por um processo intenso de amalgamento de culturas, através da dominação hegemônica da cultura norte-americana, mas isto se dava ao mesmo tempo com o florescer de novas culturas, ou ao menos com o ressurgimento de etnias, que antes haviam sido subjugadas e obliteradas pelo processo de colonização ocorrido desde o período das descobertas. No mais, ele confiava que o Brasil, que havia se formado pelo processo de expansão européia, às custas da destruição da maioria dos povos indígenas e do sacrifício de milhões de escravos africanos, se firmara como uma cultura singular, sustentada por um povo que desejava ter um lugar especial no mundo moderno.

Por extensão, Darcy considerava que a América Latina iria se congregar numa só nação, tal como sonhara Simon Bolívar, o herói das independências das nações andinas, sob a base cultural de sua herança colonial comum. Por tudo isso, Darcy não temia pelo Brasil a longo prazo, nem acreditava teoricamente na força de permanência da globalização que vinha sendo apregoada nos últimos anos de sua vida. Talvez uma das frases que melhor expressam esse amor de Darcy pelo Brasil e por suas convicções intelectuais esteja no prefácio que Anísio Teixeira escreveu ao livro *O Processo Civilizatório*: "Considero Darcy Ribeiro a inteligência do Terceiro Mundo mais autônoma de que tenho conhecimento. Nunca lhe senti nada de clássica subordinação mental do subdesenvolvimento."

Assim, considerando essas três paixões fundamentais como balizadores de seu pensamento e de sua atuação, podemos compreender a vida pública e intelectual de Darcy como dividida nas fases que representam momentos de intensidade de um dos cinco campos da atividade aos quais ele mais se dedicou, quais sejam, a etnologia, a antropologia, a educação, o romance e a política. Em cada uma dessas fases, Darcy se esmerou para estar entre os primeiros de seu tempo, abrindo seu espaço pela força de suas idéias, pela firmeza de suas convicções e pelo destemor de sua atuação.

Darcy etnólogo

A primeira fase é a do etnólogo, o pesquisador de culturas e sociedades indígenas do Brasil, o diretor da seção de estudos do Serviço de Proteção aos Índios, o fundador do Museu do Índio, o porta-voz do indigenismo rondoniano e da causa dos índios brasileiros em foros nacionais e internacionais, e o professor de antropologia.

Essa fase se inicia, a rigor, nos anos de estudos na Escola de Sociologia e Política de São Paulo (1944-46), já que é aí que ele vai se especializar em etnologia, tendo como principal professor o etnólogo Herbert Baldus, um intelectual alemão anti-hitlerista que havia se mudado para o Brasil em 1932 e que se tornaria o mais dedicado e produtivo etnohistoriador dos povos indígenas do Brasil. Os três volumes de sua *Bibliografia Crítica da Etnologia Brasileira* (1954, 1978, 1985) constituem a principal obra de referência sobre esse assunto.

Porém, o etnólogo Darcy vai tomar forma e se profissionalizar de 1947 a 1956, quando trabalha no Serviço de Proteção aos Índios – SPI. Nesses anos ele fez pesquisas com diversos povos indígenas pelo Brasil afora, entre eles os Kadiwéu, os Ofayé-Xavante e os Urubu-Ka'apor, sobre quem escreveu artigos e livros, como veremos na parte "Temas" deste livro.

Por que Darcy se interessou em estudar os índios brasileiros, fazer pesquisas de campo e trabalhar num órgão público em defesa dos índios? Seus estudos o haviam preparado para ser não só etnólogo, mas antropólogo num sentido mais amplo. Com efeito, quando ele veio ao Rio de Janeiro, no começo de 1947, poderia ter entrado no Instituto do Patrimônio Nacional, órgão federal sob a direção do eminente arquiteto Rodrigo de Melo Franco, fundado alguns anos antes por Mário de Andrade, a quem ele muito admirava, e onde trabalhavam figuras como Carlos Drummond de Andrade e Oscar Niemeyer.

    A opção pelos índios foi claramente a de menor prestígio social, porém a mais ousada. Este era um tema que mal havia penetrado no ensino superior brasileiro, embora houvesse instituições do porte do Museu Nacional, no Rio de Janeiro, e o Museu Paulista, em São Paulo, que tinham etnólogos em seus quadros. O estudo dos povos ditos primitivos, entretanto, tinha um valor intelectual de âmbito internacional, que remontava à visão rousseauniana do "bom selvagem", à teoria da evolução social e ao racismo cientificista. Desde o começo do século XX, uma nova visão da Antropologia vinha sendo desenvolvida e difundida na Inglaterra, nos Estados Unidos e na França, a qual se opunha à teoria evolucionista do século XIX. Nesse contexto, a Antropologia se propunha ser uma ciência que se interessava pelas formas de comportamento do homem como resultantes das culturas em que vive, não necessariamente pela sua raça. O debate entre essa posição, chamada de **relativismo cultural**, e a visão do evolucionismo social, tradicional ou atualizado, iria se constituir num dos esteios da discussão teórica do pós-guerra.

A ANTROPOLOGIA MUNDIAL E NO BRASIL NOS ANOS 50

A antropologia – do grego antropo + logus, 'estudo do homem' – é uma ciência social que se constituiu para explicar as diferenças entre as chamadas raças humanas, os povos e as culturas.

A primeira teoria da antropologia derivou da Teoria da Evolução, postulada pelo grande cientista inglês Charles Darwin para explicar as origens das espécies.

Fazendo um paralelo entre as espécies e as raças e culturas, os primeiros antropólogos do século XIX postularam para o homem como ser cultural um idêntico processo de luta pela sobrevivência e adaptação do mais apto. Raças e culturas foram escalonadas de acordo com sua menor ou maior capacidade de sobrevivência, de crescimento e de poder político. No topo dessa escala ficou a civilização européia, bem como a raça caucasiana, ou branca. A elas se seguiam as demais civilizações e raças. Este tipo de evolucionismo social justificou o racismo e o colonialismo vigentes. No início do século XX, começou um movimento contra o evolucionismo, cujas figuras de realce foram Franz Boas, nos Estados Unidos, Bronislaw Malinowski, na Inglaterra, e Émile Durkheim, na França. Para esses autores, não havia raças superiores ou inferiores, nem tampouco culturas superiores em inteligência ou potencial. Todos os costumes, mesmo os mais estranhos, eram funcionais em suas culturas. Esse movimento ficou conhecido como **relativismo cultural** e serve de base à antropologia moderna.

No Brasil a antropologia moderna se desenvolveu pelo estudo das tribos indígenas e da influência dos negros na cultura brasileira. Até a década de 1950, destacavam-se as figuras de Roquette Pinto, Artur Ramos, Gilberto Freyre, Curt Nimuendaju e Herbert Baldus, enquanto novos talentos surgiam como Florestan Fernandes, Antônio Cândido, Egon Schaden, Eduardo Galvão e o próprio Darcy Ribeiro.

O tema indígena tinha também uma certa notoriedade difusa no pensamento social e no imaginário brasileiro. Desde a poesia de Gonçalves Dias, o romance de José de Alencar e as proposições dos positivistas brasileiros, o índio passara a fazer parte do sentimento da nacionalidade brasileira. Como tema político, ele havia se incorporado ao cenário nacional contemporâneo desde a criação do SPI, em 1910, e pela presença legendária do general Cândido Rondon como seu principal dirigente. É bom lembrar que o tema de índios recém-contatados era freqüentemente veiculado na imprensa da época, sobretudo nos jornais e revistas do jornalista Assis Chateubriand, com quem Darcy iria ter uma certa convivência pessoal.

O índio interessava, também, como exemplo vivo de um passado da humanidade que estava por acabar. Assim, desde o fim do século XIX, a Antropologia americana vinha buscando documentar os costumes dos índios americanos que estavam sendo esquecidos ou abandonados. Havia uma urgência para se mapear as culturas que ainda restavam do processo de dizimação que estava ocorrendo na frente de todos. Com efeito, todo etnólogo que ia estudar um povo indígena estava imbuído de um sentimento trágico, de que ele, provavelmente, seria o último a fazê-lo.

O principal fator explicativo desse fenômeno era a **aculturação**. Primeiramente esboçada na década de 30 e largamente difundida e discutida durante toda a década de 50, a teoria da aculturação esquematizava os efeitos do contato entre duas ou mais etnias e os possíveis caminhos de assimilação ou incorporação da mais fraca etnia pela mais forte. Enfim, tentava explicar como uma etnia era absorvida por outra, ou, de outro modo, como uma etnia era extinta. Visto que as etnias indígenas, no Brasil e no mundo inteiro, estavam rapidamente se descaracterizando e sendo absorvidas pelos Estados nacionais dos quais dependiam, a teoria da aculturação parecia dar conta desse fenômeno geral. Para qualquer antropólogo com consciência política, a discussão sobre esse tema era imprescindível.

Com efeito, uma das principais contribuições de Darcy Ribeiro ao estudo de populações indígenas diz respeito às formas pelas quais esses povos foram dizimados no Brasil, particularmente no século XX. No ensaio *Convívio e Contaminação: efeitos dissociativos da depopulação provocada por epidemias em grupos indígenas*, publicado na revista *Sociologia*, em 1956, Darcy discutiu e expôs os processos de aculturação, assimilação e integração de diversos povos que haviam entrado em contato com as frentes de expansão da sociedade brasileira, inclusive pelo SPI. No artigo *Culturas e Línguas Indígenas no Brasil*, publicado na revista *Educação e Ciências Sociais*, em 1957, ele faz um balanço das populações indígenas por identificação lingüística e cultural e discorre sobre a queda demográfica dessas populações. Seus dados, obtidos dos postos indígenas do SPI espalhados por todo o Brasil, demonstram que cerca de 72 etnias haviam passado da condição de índios isolados para as etapas seguintes de povos em contato intermitente e permanente até a de índios integrados ao sistema sociocultural e político brasileiro. Nesse período, cerca de 87 etnias indígenas haviam se extinguido.

Indígenas: o interesse por eles era acadêmico e humano. (Darcy Ribeiro e Tarapai, artista em plumas, com seu patuá e tembetá – grupo indígena Urubu)

Vale a pena notar, entretanto, que, a partir da década de 80, diversos desses povos que haviam sido dados como em extinção ressurgiram no cenário indígena. Os Guató, por exemplo, sobreviveram ao se espalhar em pequenas comunidades pelas barrancas do rio Paraguai; os Turiwara se isolaram no alto curso do rio Capim; os Krepumkateyé se misturaram com os caboclos maranhenses, mas mantiveram a língua e o sentimento indígena e puderam ressurgir como etnia nos anos 70.

Muitos antropólogos discutiram o tema da aculturação e extinção indígena após a Segunda Guerra. Entre os brasileiros destacam-se Eduardo Galvão, Egon Schaden e Roberto Cardoso de Oliveira, todos com contribuições ao tema. Em 1960, Darcy assinou, junto com alguns antropólogos latino-americanos, o artigo *Un Concepto sobre Integración Social*, publicado na *América Indígena*, a revista do Instituto Indigenista Interamericanista, que pretendia avançar além dos esquemas das várias versões sobre aculturação desenvolvidas por antropólogos americanos e ingleses.

Ao final já para publicar o seu livro *Os Índios e a Civilização*, Darcy desenvolveu o conceito de **transfiguração étnica**, como sua principal contribuição ao tema da extinção e sobrevivência dos povos indígenas. Por esse conceito, Darcy sugere que uma etnia pode sobreviver ao contato com as sociedades nacionais mais fortes se conseguir alterar sucessivamente o seu substrato biológico e cultural, bem como sua forma de relacionamento com a sociedade envolvente. Em princípio tal conceito poderia permitir a criação de bases para que se compreendesse o processo de sobrevivência dos povos indígenas brasileiros, tornado evidente a partir da década de 70. Porém, não teve a devida repercussão na Antropologia brasileira, talvez porque o autor se encontrasse no exílio e não tivesse influência sobre os caminhos que a Antropologia brasileira estava trilhando, talvez porque a teoria que estava em moda no Brasil e na Europa advinha dos estudos da interação étnica, formulada pelo antropólogo norueguês Fredrik Barth no seu livro *Grupos e Fronteiras Étnicas*, de 1968.

A preocupação com o destino dos povos indígenas brasileiros, que exigia a busca de um entendimento teórico, também exigia a atuação prática. A opção de trabalhar no SPI era sinal desse posicionamento político. A convivência com o velho marechal Rondon, então dirigindo o Conselho Nacional de Proteção aos Índios, órgão de assessoramento do SPI, deixou uma marca indelével na mente de Darcy do que seria um verdadeiro herói nacional. Darcy achava que o Brasil tinha criado uma política indigenista mais humanista que a dos demais países americanos por causa da influência de Rondon e dos positivistas do começo do século XX. Os índios eram vistos como senhores legítimos de seus territórios para quem cabia ao Estado o dever de proteger e oferecer condições de sobrevivência e progresso. Essa posição, que Darcy viu entrar em decadência pela morte de Rondon, em 1957, foi defendida em diversos artigos e no livro *A Política Indigenista Brasileira*. Porém, nunca foi uma defesa acrítica, pois os próprios dados coletados por Darcy e pelo SPI demonstravam o declínio da população indígena e sua perda de território, o que significava que o processo histórico da extinção daqueles povos continuava sem remissão. Com Rondon, ou a despeito dele, o SPI havia servido a interesses agrários e especulativos em várias partes do Brasil, simplesmente pelo ato de contatar índios autônomos e reduzi-los a índios dependentes do Estado. Nos anos 30, por exemplo, o SPI servira a cacauicultores no sul da Bahia, ao não resistir à expulsão dos índios Pataxó do seu território delimitado alguns anos antes. (Ainda hoje os Pataxó lutam para recuperar ao menos uma parte do seu território esbulhado.) Porém, para Darcy, a ideologia do indigenismo do SPI era o máximo que o Brasil podia dar e era um começo para que um dia ela incorporasse os ensinamentos mais recentes da antropologia.

Em 1952 Darcy escreveu, junto com o antropólogo Eduardo Galvão, que havia feito pesquisas na área e seria autor de uma obra importante sobre índios e caboclos, o memorial de justificativa para a criação do Parque Nacional do Xingu. Lá viviam em harmonia social e política, coisa rara no universo indígena mundial, uma dezena de povos indígenas falantes das mais diversas línguas. Os irmãos Orlando e Cláudio Villas-Boas, que tomaram a frente da Expedição Roncador-Xingu, criada por Getúlio Vargas em 1943, tinham se instalado no alto rio Xingu e tentavam estabelecer as bases para a sobrevivência desses povos. Entre essas bases estava a garantia das terras indígenas. O memorial foi apresentado a Getúlio Vargas pelo marechal Rondon, que levou Darcy para fazer a argumentação. O parque só seria instalado legalmente em 1961, por um decreto de Jânio Quadros, mas a aceitação de Getúlio foi o passo inicial. A importância transcendental desse memorial, além da criação do parque em si, é que daí por diante o SPI, e depois a FUNAI, passaram a conceber as terras indígenas não só por sua utilidade econômica para a sobrevivência dos índios, mas especialmente como um território culturalmente concebido e ecologicamente viável.

Outra ação importante de Darcy nesses anos de etnólogo foi a criação do Museu do Índio, em 1953. Com o material colhido desde o início do século por antropólogos e sertanistas do SPI, o Museu nasceu com belas coleções expositivas e com uma filosofia de lutar contra o preconceito sobre as culturas indígenas. Dois anos depois, Darcy criou o primeiro curso de pós-graduação em Antropologia no próprio Museu, cujo objetivo seria de pesquisar as culturas indígenas e os meios para melhor assistir os povos indígenas.

Darcy antropólogo

Em 1956, Darcy passou a lecionar na Universidade do Brasil, no Rio de Janeiro, na cadeira de Etnologia e Língua Tupi. Seus cursos versavam sobre Antropologia Cultural, abrangendo todos os aspectos dessa disciplina, e sobre os povos indígenas. Sua atuação em aula se pautava por um programa de palestras, leituras e discussões com os alunos em torno de temas cujas explicações teóricas advinham de um enfoque cultural-materialista. Quer dizer, as influências principais no pensamento antroplógico de Darcy vinham duplamente tanto de seu posicionamento marxista quanto de sua formação culturalista americana.

Ainda no começo da década de 40, Darcy havia lido uma versão espanhola do livro de Marx e Engels, *A origem da família, da propriedade privada e do estado* (1894) e este livro o impressionara profundamente. Como explicitamente declarado pelos autores, os dados etnográficos do livro, bem como o esquema básico que trançava a evolução das culturas humanas, se deviam ao jurista e antropólogo americano Lewis Henry Morgan, cuja obra prima, *A sociedade primitiva* (1877), levara o próprio Marx a considerá-la um dos pilares da Ciência do século passado, junto com seu *O Capital* (1881) e *A origem das espécies* (1857), de Charles Darwin.

Entretanto, durante o período formativo da Antropologia moderna (que vai de 1890 a 1940), nas versões americana, inglesa e francesa, esses livros de Morgan e Engels haviam sido contundentemente criticados e descartados, sob o argumento de que estavam eivados de preconceito para com os povos não civilizados e eram baseados em pesquisas de campo insuficientes e equivocadas. Só a partir da década de 30, com o inglês V. Gordon Childe e os americanos Leslie White e Julian Steward, é que a teoria da evolução humana, inclusive das culturas, seria reconsiderada seriamente, discutida em revistas especializadas e ensinada em alguns departamentos de Antropologia de universidades americanas e inglesas.

Darcy, que havia sido aluno de Herbert Baldus (que, embora alemão, praticava uma antropologia de cunho histórico e culturalista, aos moldes americanos), encontrara o seu campo de debate nessa junção do materialismo marxista com o culturalismo americano que tendia para explicações de ordem materialista. Darcy se tornou amigo de Charles Wagley, um brasilianista muito respeitado, e de Betty Meggers, ex-aluna de Steward, que se tornou uma das principais arqueólogas americanas com especialização nas Américas, e sua grande incentivadora e tradutora. Ambos se situavam nesse campo de debates, que, até a década de 70, foi uma das principais fontes de pesquisa e produção acadêmica e prática.

Porém, foi nesse período que Darcy diversificou seus interesses, entrando nos campos educacional e político, que analisaremos mais adiante. Faltava-lhe tempo para desenvolver qualquer trabalho de fôlego maior.

De fato, a obra antropológica de Darcy só amadureceu no seu primeiro período de exílio, entre 1964 e 1968, precisamente quando era professor da Universidade Oriental do Uruguai, em Montevidéu. Ali, sem afazeres políticos, Darcy pôde se concentrar nos seus *Estudos de Antropologia da Civilização*.

Sua intenção inicial era motivada por preocupações tanto intelectuais quanto políticas. Ele queria escrever um grande livro sobre o Brasil, que explicasse a formação cultural e o desenvolvimento social do país para os próprios brasileiros, que expusesse as razões pelas quais o país não se consolidava em um desenvolvimento político-econômico permanente, que deixasse claro quais teriam sido as razões do recente golpe de Estado em abril de 1964, e que desse conta do atraso a que o Brasil ficara relegado em comparação com os Estados Unidos e Canadá, países também de origem colonial. Darcy escreveu duas versões desse primeiro livro, fê-lo ser traduzido para o espanhol e levou-o ao prelo, desistindo na última hora, ainda com dúvidas sobre a validade do seu conteúdo. Essa obra, *O Povo Brasileiro*, só foi publicada em 1995, depois de reescrito diversas vezes.

Os cinco volumes dos *Estudos de Antropologia da Civilização*, que saíram entre 1968 e 1972, tanto em português como em espanhol (e depois em inglês, francês, italiano, alemão e outras línguas), foram *O Processo Civilizatório*, *As Américas e a Civilização*, *O Dilema da América Latina*, *Os Brasileiros*, e *Os Índios e a Civilização*. Não é difícil encontrar uma coerência temática nessa série, porém mais certo seria tentar compreender a intenção do autor do que as justificativas que ele deu para reunir esses livros num conjunto. O certo é que Darcy queria interpretar o Brasil, o que para isso precisava contextualizá-lo na escala de evolução das sociedades humanas e no desenvolvimento do mundo colonial. Mas ele queria igualmente propor ao mundo que o Brasil, e não os Estados Unidos, ou quem quer que fosse, é que estava no caminho certo para a constituição de uma nova civilização para o mundo transcontemporâneo, o mundo que viria depois do *débâcle* do capitalismo e do comunismo russo, nem que fosse por força de revoluções. É nesse espírito que se deve compreender esses livros como coerentes entre si.

Em suma, essa série de livros constitui um exemplo invejável do espírito dos anos 60, quando os intelectuais achavam que podiam influenciar o mundo por suas idéias, e que elas seriam os motores das aguardadas transformações sociais.

Porém, nos anos seguintes, o mundo acadêmico da Antropologia, bem como da Filosofia, iria se curvar sob o encantamento da teoria estruturalista, que dispensava qualquer esforço no sentido de mapear o panorama dos costumes e culturas da humanidade e tinha pouquíssima simpatia para compreender origens e destinos. O que lhe interessava era discernir as bases da cultura, que estavam fixadas não no comportamento dos seus membros, nem na sua autoconsciência possível, mas numa fórmula ou estrutura de temas contrastantes que comandava as ações dos seres humanos. A cultura foi comparada à língua, que é composta de uma estrutura mínima de fonemas que fazem sentido em contraposição uns com os outros. O modelo para se buscar a estrutura existente nas culturas humanas era, portanto, o paradigma lingüístico. A tarefa do antropólogo seria encontrar as representações institucionais dessas estruturas, as quais se tornavam óbvias por um método de construir contrastes e dualidades. O expoente máximo e incontestável do estruturalismo desenvolvido na Antropologia é Claude Lévi-Strauss, autor de livros como *As Estruturas Elementares do Parentesco* (1949), *O Pensamento Selvagem* (1962) e os quatro volumes das *Mitológicas* (1966-74).

> ## O ESTRUTURALISMO NO BRASIL
>
> Claude Lévi-Strauss foi professor da Universidade de São Paulo ainda nos primeiros anos de sua constituição, entre 1936 e 1939. Embora formado em Filosofia, ao vir para o Brasil ele se interessou pelo estudo de culturas indígenas e aproveitou suas férias para visitar aquelas tribos mais próximas de São Paulo, os Kaingang e Guarani, e depois os Kadiwéu, Bororo, Nambiquara e Tupi-Kawahib. Seu livro *Tristes Trópicos* (1954) relata sua experiência no Brasil e como ele virou antropólogo estudando esses povos indígenas.
>
> Nos anos 40, Lévi-Strauss foi influenciado pela teoria lingüística de Roman Jakobson, e daí desenvolveu sua teoria estruturalista em brilhantes estudos sobre parentesco, teoria do conhecimento e mitologia. Sua influência no Brasil pode ser percebida nos estudos sobre populações indígenas, como as tribos Jê do cerrado brasileiro, nas análises sobre rituais e nas interpretações sobre as características do brasileiro.

A contraposição do estruturalismo ao materialismo histórico-cultural serviu de mote e justificativa para que a Antropologia acadêmica brasileira tentasse desconsiderar toda a série *Ensaios de Antropologia da Civilização*, nas universidades do país, especialmente no programa de pós-graduação do Museu Nacional do Rio de Janeiro. Por toda a década de 70, alguns antropólogos de renome nacional chegaram a coibir a leitura desses livros em seus cursos, considerando-os ultrapassados teoricamente, sem valor empírico e de temática irrelevante. Quando Darcy retomou a sua cátedra na Universidade Federal do Rio de Janeiro, após a anistia política, em 1978, a animosidade que se criara contra ele engrossou ainda mais em críticas ao seu estilo de dar aulas e à sua personalidade. Apesar desse boicote toda a série *Ensaios de Antropologia da Civilização* vendeu mais de seis edições, alguns livros chegando a doze, treze edições até o presente. Por toda a América Latina esses livros alcançaram tiragens ainda maiores, numa prova de reconhecimento da força de suas idéias e dos seus propósitos em favor da autonomia política e desenvolvimento social das nações latino-americanas.

Darcy educador

Foi pelas mãos de Anísio Teixeira que Darcy entrou no campo da educação, ao ser convidado, em 1957, para co-dirigir o Centro Brasileiro de Pesquisas Educacionais – CBPE – um setor do Instituto Nacional de Estudos Pedagógicos – INEP – do Ministério da Educação e Cultura.

Até o golpe militar estavam instalados e em pleno funcionamento CBPEs em Brasília, Recife, São Paulo, Porto Alegre, Belo Horizonte e Salvador. Cada um tinha o seu corpo de pesquisadores, que tentavam mapear as carências educacionais de seus estados.

A tarefa principal de Darcy foi dirigir um programa de pesquisas sobre o rural e o semi-urbano, para melhor entender as condições sociais e culturais das diversas regiões do país, sobre as quais se pudessem implantar programas educacionais que alavancassem o Brasil para dar um salto de quantidade com qualidade na educação do povo. Em seis anos de pesquisas, por todo o país, cerca de 30 estudos foram realizados por antropólogos, sociólogos e pedagogos, indo desde pequenas comunidades amazônicas a povoamentos italianos na região sul. Com base nesses dados, Darcy estabeleceu uma visão própria dos principais problemas sociais brasileiros, do racismo ao classismo, das diferenças regionais e dos seus processos de colonização, bem como do potencial que havia na sociedade brasileira para superar seus impasses.

Convivendo com Anísio Teixeira, discutindo com ele e seus colaboradores cada passo das pesquisas que coordenava e as conseqüências que elas poderiam ter para a aplicação de projetos educacionais, Darcy foi se fazendo educador. Ao mesmo tempo, foi desenvolvendo sua capacidade para a política, na medida em que seu pensamento ia se calibrando para a ação, para o que é possível de ser realizado aqui e agora.

Quando o presidente Juscelino Kubitschek quis ouvir um educador para decidir sobre que projeto educacional deveria ser implantado na nova capital, ele chamou Anísio Teixeira, que levou junto Darcy Ribeiro.

Sobre os planos que eles apresentaram para os primeiro e segundo graus, Juscelino estava de acordo, mas sobre a criação de uma universidade pairavam dúvidas. Israel Pinheiro, o construtor de Brasília, por exemplo, não queria nem universidade nem fábricas, pois uma atraía estudantes e a outra operários, ambos preocupantes por conta dos engajamentos políticos. Embora não de todo convencido, Juscelino deu autorização para Anísio e Darcy programarem uma escola superior. Da idéia à sua consecução prática foram precisos três anos de dedicação exclusiva, a princípio para convencer uma parte substancial da intelectualidade brasileira, a Igreja Católica e os políticos, em seguida para arrancar recursos para a sua construção. O Brasil vivia um grande momento de florescimento cultural e de autoconsciência política, e a implementação da Universidade de Brasília, a UnB, iria coroar as ações que o governo estava fazendo nessa direção. Seu arquiteto foi o mesmo da construção dos prédios públicos e das quadras residenciais, Oscar Niemeyer.

A UnB foi concebida para ser um modelo de como as universidades brasileiras existentes e a serem criadas deveriam funcionar. Ela se dedicaria tanto ao ensino quanto à pesquisa, e teria como dupla função dominar o conhecimento científico mundial e estimular a formação de quadros nacionais conscientes de sua identidade brasileira. O seu organograma começava pelos departamentos, que teriam total autonomia acadêmica, os quais se agregavam por afinidades em institutos, que podiam ser dedicados à pesquisa ou com finalidade profissionalizante. Para a surpresa de muitos cientistas, Darcy criou o Instituto de Teologia, de cunho ecumênico, que ficou sob a direção do frade dominicano Frei Mateus Rocha. Segundo Darcy, ou ele fazia esse instituto ou Juscelino teria entregue a criação da universidade aos jesuítas. Frei Mateus viria a ser o terceiro reitor da UnB e iria ser perseguido pelo regime militar que tomou de assalto a universidade.

Um episódio ocorrido entre Darcy e mestre Anísio, como ele o chamava, representa em boa medida a relação de amizade e confiança que reinava entre os dois. Aprovado o projeto da UnB pelo Congresso, Darcy voltou ao Rio de Janeiro e teve uma conversa dura e honesta com Anísio sobre a tarefa de implantar a universidade. Disse-lhe que considerava que Anísio deveria ser o seu reitor e que ele podia ser seu vice, mas só na condição de que Anísio se mudasse para Brasília. Caso contrário, ele Darcy, não estaria disposto a enfrentar todos os desafios do dia-a-dia sem ter autoridade plena. Como Anísio não podia deixar o Rio, concordou, com a magnanimidade que o caracterizava, que o seu discípulo fosse o reitor, ficando ele com a vice-reitoria.

A parceria com Anísio também ocorreu por ocasião da formulação da Lei de Diretrizes e Bases da Educação, a LDB, que foi votada e promulgada quando ele era ministro da Educação do governo João Goulart, em 1963. O projeto original dessa lei se arrastava há anos pelo Congresso, flutuando à mercê da disputa política da época, resumida entre os que propunham uma educação laica e pública, sob a égide do Estado, e os que queriam uma educação com cunho religioso e nas mãos da iniciativa privada.

Trinta e três anos mais tarde, em dezembro de 1996, uma nova LDB foi aprovada no Congresso e sancionada pelo presidente Fernando Henrique Cardoso. Desta vez, o papel de Darcy foi diferente. Em contraposição a um projeto de educação extremamente detalhista, ancorado na ideologia das associações de docentes, que, com idas e vindas, fora aprovado na Câmara dos Deputados e estava em discussão no Senado, Darcy lançou seu próprio projeto, elaborado com a ajuda de professores e administradores da educação, e que iria receber o apoio do ministro da educação Paulo Renato Souza e do presidente Fernando Henrique Cardoso. Sua intenção era estabelecer uma legislação enxuta e flexível para regulamentar o processo educacional, através da qual o governo federal, os estados e os municípios formulassem as linhas gerais e os estabelecimentos de ensino pudessem realizar os programas que melhor lhes aprouvessem. Darcy acreditava que o ensino público implantado no Brasil pelo regime militar havia se burocratizado e corporativizado e que precisava de um lufada de novos ares. É como se ele achasse que o modelo de administração francês, que vê em cada pequeno povoado uma versão diminuta de Paris, e que predomina no pensamento progressista brasileiro desde o século passado, estivesse em desfuncionamento, e que melhor seria se experimentássemos o modelo americano de valorizar as identidades locais e obter condições de participação às comunidades que as sustentavam. Darcy queria que o Estado assumisse o dever de prover educação de qualidade para todos, mas não acreditava mais que isso pudesse acontecer através de um modelo pronto, vindo de cima para baixo. Ademais, acreditava que a ciência e a tecnologia estavam em tal fase de intensa transformação que nenhum modelo educacional podia se dar ao luxo de se conter em si mesmo, pois não seria capaz de enfrentar os desafios dos novos tempos.

A controvérsia maior dessa lei deu-se em relação ao ensino superior. Darcy achava que a universidade estatal brasileira carecia de autonomia e de maior responsabilidade administrativa e acadêmica. Quanto à universidade privada afirmava que, com raras exceções, viviam para produzir lucros para os seus donos. Ele costumava pilheriar que a universidade brasileira estava perdida num beco sem saída onde "o professor simulava que ensinava e o aluno fazia de conta que aprendia". Darcy não poupou as últimas energias que lhe restavam, desde que assumiu a cadeira no Senado, em 1991, para defender suas novas idéias e propostas para a educação brasileira. Ao se deparar com o projeto que lhe parecia representar "o congelamento de tudo que havia de ruim na educação brasileira", ele não hesitou em se lhe opor com toda veemência, inclusive desconsiderando o movimento político de inclinação esquerdista e progressista que o defendia.

Polemizando com Darcy estava o eminente sociólogo e então deputado federal Florestan Fernandes, com quem iria trocar farpas e ironias em diversos artigos de jornal. Vale a pena apontar que a polêmica entre Darcy e Florestan, duas pessoas que se admiravam, ecoava uma rivalidade pessoal que vinha desde o tempo em que ambos eram alunos brilhantes da Escola de Sociologia e Política de São Paulo, sendo que, no plano político, um era membro do partido comunista e o outro militava no movimento trotskista. Portanto, a disputa sobre a nova lei da educação se situava no campo das esquerdas. Concentrando a atenção sobre os temas sociais da educação, ambas as propostas deixaram de refletir sobre os aspectos da formação filosófica e moral do indivíduo em si e perante a sociedade, aspectos esses que terminaram ficando sob a exclusividade da visão conservadora da educação. De todo modo, a nova LDB vem sendo criticada tanto pela direita quanto pela esquerda. Para Darcy, couberam diversas críticas, inclusive a de ter propiciado a oportunidade para o governo federal realizar as mudanças, de cunho neoliberal, que vem tentando aplicar em todo o sistema educacional brasileiro.

O exílio político na América Latina abriu outros horizontes na carreira de educador de Darcy. A criação da UnB e os seus primeiros anos de funcionamento, até a demissão em massa de seu corpo docente que o regime militar realizou, em 1968, constituíram uma experiência educacional extremamente vigorosa e inovadora. O que valia era a qualificação intelectual, não necessariamente acadêmica, a excelência da docência, a experimentação, a liberdade de expressão e o empenho em produzir conhecimento dirigido aos problemas brasileiros.

No segundo governo de Leonel Brizola no estado do Rio de Janeiro (1991-94), Darcy organizou mais uma universidade, a Universidade Estadual do Norte Fluminense – UENF. Como nas vezes anteriores, Darcy programou uma instituição dedicada ao ensino e à pesquisa, contratou professores experimentados de diversas universidades brasileiras e estrangeiras, inclusive na Rússia, cuja academia se desmoronava naqueles anos, e escolheu algumas áreas em que pudesse alcançar, em pouco tempo, um nível de excelência. Essas áreas seriam a engenharia de petróleo e a biotecnologia, principalmente para a produção de melhores variedades de cana-de-açúcar, o aproveitamento do bagaço da cana, e o reflorestamento daquela região já devastada na sua cobertura original.

O campus principal da UENF foi instalado em Campos dos Goitacazes, a maior cidade do norte do estado, cujos prédios foram projetados por Oscar Niemeyer. Entretanto, dada a exigüidade do tempo, faltaram recursos financeiros para construir o projeto arquitetônico original, e o governo terminou optando por adaptar, como prédios de salas de aulas, uma variação da arquitetura dos CIEPs, cujos módulos de concreto armado podiam ser encaixados com facilidade e a custo relativamente baixo. Os laboratórios de pesquisa, no entanto, seguem o desenho artístico original. Outro campus foi estabelecido na cidade de Itaocara, onde já existia uma base para a escola de Agronomia e Veterinária, e uma escola de Engenharia do Petróleo foi instalada na cidade de Macaé, em cujas águas litorâneas se situa a grande bacia petrolífera de Campos.

A derrota eleitoral de 1994, tanto a nível federal quanto estadual, deixou Darcy sem controle sobre a UENF. Seu cargo de chanceler foi esvaziado pelo governo incumbente, que não se interessou em dar prosseguimento aos programas de desenvolvimento tecnológico planejados por Darcy e seus colaboradores. Assim, a UENF ficou parecendo mais um projeto de governo que é esvaziado pela administração seguinte, uma universidade sem possibilidades de se transformar numa instituição sólida, que venha a preencher as necessidades do terceiro milênio para o Brasil, como Darcy gostava de conceituar.

De todo o modo, a obra educacional de que Darcy mais se orgulhava de ter concebido e realizado foram os CIEPs – Centros Integrados de Educação Pública. Esse programa educacional foi iniciado em 1984, após a avaliação, elaborada por um congresso de professores estaduais, realizado na cidade de Mendes, estado do Rio de Janeiro, segundo a qual a escola primária brasileira era tão ruim que mais deseducava do que educava. De acordo com as estatísticas daqueles anos, havia no Brasil cerca de 19% de analfabetos, e dos alfabetizados cerca de 50% eram incapazes de escrever um bilhete. Quarenta por cento das crianças faziam apenas as quatro primeiras séries de estudo e apenas 10% terminavam o primeiro grau. A educação brasileira era realmente uma calamidade, pois continuava não somente a produzir analfabetos como reproduzindo o sistema de extrema desigualdade social através da exclusão, ou melhor, da expulsão da esmagadora maioria de sua população do segundo grau e conseqüentemente do nível superior de escolaridade.

A conclusão do diagnóstico obtido era de que manter a escola tal como ela existia só iria dar continuidade a esse estado de calamidade. Era preciso, portanto, fazer outra escola, criar novos métodos de ensino que respeitassem a cultura de onde a maioria das crianças brasileiras procediam, e dar-lhes condições de aprendizado, inclusive com complementação alimentar. Para realizar tudo isso, seria preciso construir prédios amplos e adequados ao clima tropical, com cozinhas modernas, espaço para recreação e higiene, bibliotecas e quadras de esporte. Era preciso que essa construção fosse ao mesmo tempo de qualidade e de custo razoável para que pudessem ser feitas muitas delas. Oscar Niemeyer, que meses antes havia projetado o Sambódromo, iria desenhar um prédio de linhas singelas e clássicas que podia ser instalado em diversas formas através de módulos de concreto armado pré-fabricados. Com 24 salas de aula, cerca de 500 a 700 crianças poderiam freqüentar essa escola em tempo integral, isto é, das 7 horas da manhã às 16, recebendo todas as refeições diurnas, banho e atividades pedagógicas normais e tuteladas. Nos países desenvolvidos, esse tipo de escola existe para toda sua população juvenil, mas no Brasil ela é rara e exclusiva às classes altas, pois seus custos são necessariamente mais altos. Complementando o prédio principal do CIEP havia, além de uma quadra aberta, o módulo da biblioteca, com sua coleção básica de 500 livros. No seu andar superior havia um apartamento, destinado a abrigar até doze crianças em regime de custódia ou semi-internato, sob a orientação e supervisão de um casal de tutores. Assim, o CIEP contribuiria para solucionar o gravíssimo problema dos chamados "meninos de ruas", que são crianças cujos pais não podem sustentar e que por isso passam a morar nas ruas.

CIEP: investimento na educação para resolver problemas sociais.
(CIEP Maestro Gustavo Capanema, RJ.)

Em abril de 1985, o primeiro CIEP foi inaugurado no bairro do Catete, no Rio de Janeiro, em homenagem ao presidente Tancredo Neves. No final do primeiro governo Brizola, cerca de 127 CIEPs estavam em funcionamento, sendo 97 na capital; outros 190 estavam em conclusão e 87 estavam em construção, a maioria localizada nas cidades pobres da Baixada Fluminense. O impacto político desse programa educacional foi de grandes proporções. Imediatamente ele provocou admiração e interesse em muitos, especialmente nas populações mais pobres que sonhavam que seus filhos pudessem ter uma educação de qualidade. Porém, provocou igual medida de ódio e desprezo em outros mais. Os críticos do projeto usavam argumentos que enfatizavam o gasto alto, o esplendor do prédio e a visibilidade de suas localizações, e o contraste com as demais escolas públicas, a grande maioria das quais não poderia se tornar de turno integral. Houve uma torcida negativa até da parte de muitos que professavam uma ideologia de esquerda, que desejavam a diminuição das diferenças socioeconômicas no Brasil e que até acreditavam que o caminho mais natural seria através da educação pública de qualidade para todos. O turno integral foi visto por alguns até como um fato negativo, pois iria tirar a liberdade das crianças e doutriná-las para o sistema.

Nas eleições de 1986, tendo como bandeiras esse programa educacional e a atuação brilhante na área da cultura, Darcy foi aclamado o candidato do seu partido ao governo do Rio de Janeiro. Porém, era o ano do plano cruzado, e o povo votou nos candidatos que apoiavam esse miraculoso plano econômico, que havia debelado a inflação num passe de mágica. Darcy perdeu a eleição. O programa dos CIEPs, que havia sido acatado pelo candidato vencedor, foi, então, abandonado de todo pelo novo governador Moreira Franco. Ele só iria ser retomado, primeiro, como promessa de campanha, e em segundo lugar, com a vitória esmagadora de Brizola para mais um termo de governo no Rio de Janeiro, em 1990. Entre 1991 e 1994, Brizola e Darcy reformaram, construíram e puseram em funcionamento 503 CIEPs, sendo que em alguns deles foram construídas até piscinas para a prática de natação, fato que provocou tanto admiração quanto indignação.

Os CIEPs foram inicialmente programados para atender alunos da 1ª à 4ª séries, mas no último ano de governo, Darcy aproveitou 40 deles para funcionar com alunos da 5ª à 8ª séries, os quais ele chamou de "ginásios públicos", numa tentativa de reconstituir uma conceituação que dera certo no passado. Para todo esse programa educacional, Darcy deu treinamento e contratou cerca de 18.000 novos professores, bem como cozinheiras, merendeiras, dirigentes e outros trabalhadores da área da educação. Outro grande investimento foi na produção de aulas gravadas em vídeo, as quais seriam transmitidas via satélite e captadas por antenas parabólicas instaladas em cada Ciep. Darcy acreditava que a educação à distância tinha um grande futuro no Brasil, especialmente para o treinamento de professores pelo país afora, e este seria o primeiro passo a ser dado.

Por ironia do destino, o presidente eleito Fernando Collor, que antes havia considerado Brizola um político ultrapassado, foi buscar nos CIEPs o modelo para o governo federal iniciar um programa de escolas de turno integral. Darcy foi convidado e não se negou a ajudar na programação dos chamados Centros Integrados de Assistência à Criança – CIAC –, que deveriam chegar a 5.000 em todos os estados brasileiros. O plano, como se sabe, fracassou redondamente.

A experiência dos CIEPs, intensa e controvertida como foi recebida, teve o reconhecimento de importantes educadores brasileiros e estrangeiros. Para Paulo Freire, os CIEPS eram o mais rico e abrangente experimento educacional já tentado no Brasil. Como Darcy não cansava de dizer, os CIEPS eram inovadores como estratégia educacional apenas no Brasil, pois constituem de fato a escola que o mundo desenvolvido tem adotado como instituição insubstituível para dar formação às suas crianças. Darcy estava convicto de que o Brasil inteiro, mais cedo ou mais tarde, teria que adotar sistemas equivalentes para produzir um salto de qualidade na educação do seu povo.

Darcy romancista

Certa vez, Darcy confessou que aos 21 anos de idade, quando era estudante de Medicina em Belo Horizonte, escrevera um longo romance sobre Minas Gerais, o qual achara melhor esquecer no fundo do baú. Virando antropólogo e educador e se engajando na política, ele deixara de lado suas veleidades ficcionais e desenvolvera um estilo claro e convincente de prosa expositiva. Escrevendo ou falando, era a própria imagem do cientista social que quer provar algo por *a + b*, não deixando soltas no ar palavras de sentimento ou idéias insinuadas. Porém, o câncer no pulmão o tirou do sério, despertou-o para a imaginação e para o jogo de palavras, transportando-o para outras paragens. O desejo de romancear lhe caiu com a força da necessidade e da urgência.

Maíra, nome do herói civilizador dos povos tupis, publicado em 1976, foi o primeiro, e, para a crítica em geral, o mais bem sucedido dos seus quatro romances. O pano de fundo é o drama dos povos indígenas diante das pressões da sociedade brasileira, e Darcy soube aproveitar com muita convicção o conhecimento etnológico que adquirira em sua convivência com os Urubu-Ka'apor, os Kadiwéu, os Bororo e os índios Xinguanos. Os protagonistas principais são um índio, Isaías, e uma civilizada, Alma, que vivem seus dramas pessoais, se cruzam em momentos, e atuam como representações de suas respectivas sociedades. Pode-se até fazer um paralelo entre eles e o casal Peri e Ceci do clássico romance *O Guarani*, de José de Alencar.

O Mulo é o segundo romance de Darcy, publicado em 1979. É a história de um homem que nasceu miserável, sem conhecer o pai, nos confins de Minas Gerais e se faz rico e poderoso fazendeiro pela força de sua vontade. Para Darcy, o pano de fundo sociológico é a formação e caracterização da classe fazendeira brasileira, em toda sua brutalidade, ganância e desprezo pelas classes que domina.

O Mulo foi analisado por diversos críticos literários como um livro maduro, bem estruturado, no qual Darcy tinha pleno controle de seu estilo de escrever. Segundo o crítico Mário Carelli, *O Mulo* é uma obra prima que faz parte do gênero de romance regional. Para muitos, este é o livro que mais duramente descreve como a elite rural controla a vida da população brasileira.

Darcy escreveu *Utopia selvagem* como uma noveleta para se divertir, soltar sua veia de deboche e escrachar a mania frenética da década de 70: o sexo exibicionista. É a história fictícia de um soldado de um batalhão militar na Amazônia que se perdeu na floresta e dá com os cornos no meio da tribo das Amazonas, as míticas mulheres guerreiras que só se relacionam com os homens para gerar filhas. O desafortunado soldado é tratado como um garanhão até o dia em que as Amazonas já não o querem mais. O livro é escrito na terceira pessoa, que conta a história, descreve o ambiente e dialoga com o leitor, convidando-o a se imaginar vivendo essa vida de gozos sexuais. *Utopia selvagem* fez sucesso no seu lançamento, em 1981, e foi traduzido para muitas línguas, mas a ele não foi atribuído o mesmo valor literário dos livros anteriores.

Depois de *Utopia selvagem*, Darcy passou a se envolver em sua carreira acadêmica e logo em seguida com a política. Só no final de 1986, sob o peso da derrota eleitoral para governador, é que ele iria achar conforto escrevendo ficção. Desta vez, aflorou um romance sobre um intelectual mineiro que vive afogado em sua vidinha pessoal de intelectual frustado. Aos amigos, Darcy dizia que o personagem principal era ele, caso não tivesse saído de Minas e alçado vôo pelo Brasil afora.

Migo foi o título que achou adequado para essa "ego trip" frustrante e atormentada. O livro está escrito na primeira pessoa, em pequenos capítulos, consolidando seu estilo de romancista que quer dar tempo ao leitor para situar o ambiente, tomar gosto pelos personagens, saborear a linguagem, ficar na expectativa de eventos novos e atar o enredo que corre no tempo de vida de um homem maduro. *Migo* foi traduzido para o italiano, o francês e o alemão, mas não teve o sucesso dos seus outros romances. Darcy, porém, o considerava seu romance mais bem acabado.

Darcy político

Parafraseando o poeta Luís de Camões, "a política é a arte e a ciência de dispor, por vias do poder, como força ou como negociação, de bens econômicos e simbólicos de uma sociedade". Seguindo esse raciocínio, para Darcy, a política era uma atividade imprescindível, até mesmo nobre, do homem, embora se realize quase sempre amiudada pelas ambições pessoais desenfreadas e pelos interesses de classe. Nesse sentido, fazer política foi uma atividade à qual Darcy se dedicou com empenho dirigido como meio para aplicar as idéias e realizar os objetivos que ele se propunha.

A visão e a vida políticas de Darcy estão marcadas por três fatores importantes. O primeiro é o fato de ser mineiro, o que quer dizer ser nascido no meio social em que há uma clara consciência de que as coisas do poder se realizam por um misto de força consolidada e negociação. Quer dizer também cultivar o hábito, ou a arte, de só se expor quando há certeza absoluta do resultado de uma ação. Quer dizer, enfim, que amizade e parentesco funcionam legitimamente na obtenção de posições políticas.

Embora educado nessa tradição, Darcy raramente agiu como um político mineiro tradicional. Ao contrário, sua atuação política foi freqüentemente marcada pela ousadia e coragem pessoal, por um espírito de confronto, e não de dissimulação, pelo radicalismo ideológico, por uma grande capacidade de enfrentamento e pouca de negociação. Havia muito pouca paciência na atuação política de Darcy, que se movia mais por sentimentos de urgência e necessidade, cujas conseqüências beiravam o ideal de auto-sacrifício. Nesse sentido, seu grande herói brasileiro era Tiradentes, que se colocou acima de seus contemporâneos pela lealdade às idéias e aos seus propósitos. Quando o governo João Goulart foi atacado pelas tropas do general Mourão, em 31 de março de 1964, Darcy queria que o presidente resistisse, como ele próprio resistiu em Brasília, sendo o último ministro a tomar o caminho do exílio.

Assim, embora mineiro, a mineiridade política de Darcy era de um teor diverso. Isso porque ele não era um político profissional, um político dos políticos, conforme podem testemunhar os seus pares. Não porque desprezasse os políticos, em muitos dos quais reconhecia qualidades pessoais, inteligência aguçada e espírito público, mas por característica pessoal. De qualquer forma, ser mineiro deu-lhe o gosto da luta pelo poder e ao menos uma lasquinha de espírito de conciliação.

O segundo fator na formação política de Darcy foi a sua inclinação ideológica para a esquerda. Darcy tomou consciência do mundo político nos seus anos de estudante universitário, durante a Segunda Guerra Mundial, ao acompanhar as ações militares dos Aliados contra a Alemanha nazista e ao participar das atividades político-culturais que estavam ocorrendo no Brasil. Filiou-se ao Partido Comunista pela visão internacionalista que este apresentava aos jovens, indicando-lhes uma tomada de responsabilidade para com o destino de todos os povos, e pelo espírito de auto-sacrifício que o seu espírito de corpo impunha. Darcy sonhou, por muitos anos, com uma revolução para o Brasil, mesmo quando já era ministro de Estado e exilado político. Seus livros sobre a América Latina e o Brasil exibem esse ideal e buscam estratégias para sua implantação.

A terceira influência na visão política de Darcy foi o evento do suicídio do presidente Getúlio Vargas, em agosto de 1954. Nesse dia Darcy se encontrava em São Paulo, participando do congresso de americanistas que se realizava sob o patrocínio da Prefeitura daquela cidade em meio às comemorações do quarto centenário da sua fundação.

Darcy costumava contar que tomara um choque quando, naquela manhã, um dos participantes chegara ao centro de convenções mostrando uma manchete de jornal noticiando o acontecido e fazendo pouco desse gesto trágico. Darcy já havia tido contato pessoal com Getúlio Vargas, por intermédio do marechal Rondon, que o havia levado para apresentar os argumentos da criação do Parque Nacional do Xingu, mas até então o considerava apenas um político extremamente sagaz, um ex-ditador, responsável pela morte de Olga Benário, a esposa de Luís Carlos Prestes, um conservador em meio às lutas da elite brasileira conservadora, na melhor das hipóteses, um nacionalista, com quem um homem de esquerda podia se aliar apenas por tática política. De repente, a sua morte abriu uma ferida na sociedade brasileira, e do lado dele estavam não a elite conservadora, nem as esquerdas iluminadas, mas o povo brasileiro, que via Getúlio como um homem que o defendia e que buscava o melhor paras o país.

A aclamação popular genuína que Getúlio recebia em vida e recebeu na sua morte, mudou a visão política de Darcy, que, embora sem renegar seu ideal de revolução, passou a lutar no aqui e agora pelo que era possível de se realizar através do jogo político.

Foi com essa nova visão que Darcy se dispôs a trabalhar no governo Juscelino Kubitschek, ao ser chamado pelos seus amigos mineiros Victor Nunes Leal e Cyro dos Anjos, chefe e subchefe da Casa Civil do presidente, para escrever as mensagens presidenciais sobre educação, atividade que realizou a partir de 1957 e que o preparou para, junto com Anísio Teixeira, tomar a tarefa de criar a Universidade de Brasília nos anos seguintes.

Daí por diante Darcy fez uma carreira política de rapidíssima ascensão.

Com o presidente Jânio Quadros, ele teve um cordial relacionamento em função da elaboração do projeto de lei da Universidade de Brasília e de sua amizade com José Aparecido de Oliveira, o assessor de imprensa do presidente. De reitor da UnB, foi convidado para ser Ministro da Educação pelo gabinete parlamentar do presidente João Goulart, chefiado pelo deputado socialista Hermes Lima, que havia sido seu colega na Universidade do Brasil, e que era amigo fraterno dele e de Anísio Teixeira. Depois do plebiscito que repôs o regime presidencialista, Darcy foi convidado pelo presidente Goulart para ser seu ministro-chefe da Casa Civil, cargo que disputou com o político baiano Valdir Pires, então procurador-geral da República.

Nesses dois ministérios, Darcy se dedicou de corpo e alma ao governo João Goulart. Batalhou ferrenhamente pela aplicação das Reformas de Bases, bandeira esquerdista desse governo, num clima de intensas atividades de autoconsciência cultural e política do país. Em determinado momento, sabendo que políticos importantes de direita o viam como uma influência esquerdista junto ao presidente, Darcy pôs seu cargo à disposição para que Jango fizesse a reforma ministerial necessária e evitasse o golpe de Estado que se avizinhava. O presidente recusou, sabendo que tal gesto só indicaria fraqueza e apressaria as pressões contrárias.

O golpe militar de 1964 detonou as expectativas políticas de Darcy se fazer um político viável para cargos mais altos. Sua atuação como Ministro, seu dinamismo pessoal, sua ousadia e coragem, e sua juventude o credenciavam a um futuro brilhante entre as principais figuras de esquerda no país. Darcy pessoalmente sonhava que, se Jango conseguisse fazer as Reformas de Base, se Juscelino voltasse ao poder em 1966, talvez lhe sobrasse uma chance para as eleições de 1970. O Brasil teria sido diferente se todos essas condições tivessem se realizado.

GOULART E O GOLPE DE 64

João Goulart, ou Jango, era ainda um jovem político gaúcho quando foi nomeado Ministro do Trabalho no segundo governo Getúlio Vargas (1951-54). Em 1953, Jango aumentou o salário mínimo em quase 100%, e com isso caiu nas graças do povo. Com a morte de Getúlio, foi se firmando como principal político do Partido Trabalhista Brasileiro, PTB.

Numa época em que se votava separadamente para presidente e vice-presidente, Jango foi eleito vice de Juscelino Kubitschek (1956) e Jânio Quadros (1960).

> Com a renúncia de Jânio, em 1961, a posse de Jango se deu em meio à uma crise política, só resolvida com a implantação do Parlamentarismo. A experiência parlamentarista, marcada por diversas crises, foi encerrada com o plebiscito de fevereiro de 1963, que promulgou o presidencialismo de volta.
>
> Jango tentou fazer um governo de reformas e conciliação, mas não conseguiu alavancar as forças que o apoiavam contra o movimento direitista que se instalava na América Latina a partir das pressões dos Estados Unidos.
>
> Nesse contexto deu-se o golpe de Estado de abril de 1964, executado por militares apoiados por políticos de direita que tinham ambições de ser presidente, como Magalhães Pinto, de Minas Gerais, e Carlos Lacerda, do Rio de Janeiro.
>
> Exilado no Uruguai, Jango ainda participou, em 1968, da chamada Frente Ampla, movimento que contava com políticos como Juscelino Kubitschek e o próprio Carlos Lacerda, para diminuir a força dos militares e retomar a democracia. Com o recrudescimento da ditadura militar, depois do AI-5, decretado em dezembro de 1968, esse movimento foi disperso. Jango morreu no Uruguai em 1976.

De todo modo, a história aconteceu diversa, até que surgiram novas oportunidades após a anistia política de 1979 e o fim do regime militar. Darcy se aliou, também de corpo e alma, a Brizola e ao seu projeto de retomar a história do país nos moldes estabelecidos pela visão política herdada de Getúlio Vargas. Foi vice-governador do estado do Rio de Janeiro (1983-87), trabalhando como Secretário de Cultura e Educação foi candidato a governador (1987), sofrendo uma inesperada derrota, e ressurgiu como senador da República, aclamado por mais de 2,7 milhões de eleitores, em 1990. Porém, viu as chances de Brizola ser presidente da República escapulirem nas controvertidas eleições de 1989, o primeiro escrutínio presidencial desde Jânio Quadros, e viu a sorte de sua candidatura a vice-presidente, na chapa liderada por Brizola, se desmilinguir junto com o ressurgimento do câncer fatal.

Darcy era um político de arraigadas convicções ideológicas, que só se modificavam por força das transformações da história e após demoradas reflexões, de uma honestidade administrativa a toda prova e de uma lealdade inabalável a seus líderes. Admirou enormemente políticos como Salvador Allende e Fidel Castro, bem como a bravura e o auto-sacrifício de "Che" Guevara, na América Latina. No Brasil, se dedicou a João Goulart com a certeza de estar fazendo o que precisava ser feito para melhorar o país. Na volta do exílio, trabalhou com Brizola porque o considerava uma figura ímpar na política brasileira e achava que podia ser um ponto de inflexão na história recente do Brasil, se chegasse a ser presidente. Darcy adorava ser membro do PDT, especialmente pela qualidade popular e apaixonada de sua militância.

Porém, Darcy sabia das limitações partidárias no Brasil e reconhecia o valor de políticos que não compartilhavam integralmente de sua visão política, homens que ousavam fazer algo mais do que o corriqueiro em suas administrações, tais como Orestes Quércia, que construiu o Memorial da América Latina, dando condições para São Paulo se tornar no futuro o centro de decisões latino-americanas. Admirou até políticos conservadores, como o senador Mem de Sá, que no auge da crise da renúncia do presidente Quadros se posicionou a favor da criação da Universidade de Brasília.

Durante anos Darcy tentou que o Partido dos Trabalhadores, o PT, se aproximasse do trabalhismo varguista e brizolista e deixasse de lado sua visão excessivamente basista, unionista e com laivos de falso moralismo de classe média. Devido aos momentos em que o PT verdadeiramente atrapalhou o avanço do PDT, Darcy cunhou a frase "O PT é a esquerda de que a direita gosta". De qualquer modo, Darcy admirava a figura política e a trajetória de vida de Luís Inácio Lula da Silva, achando que ele devia se livrar das amarras com que a intelectualidade paulista o havia atado para poder ter uma visão mais histórica e abrangente da cultura brasileira.

Sobre Fernando Henrique Cardoso, Darcy tinha uma visão ambígua. Nunca foi propriamente um amigo, embora se conhecessem desde o início da década de 50. A pedido de Fernando Henrique, Darcy acolheu como estudante de pós-graduação em Antropologia, no Museu do Índio, o seu cunhado, Roberto Cardoso de Oliveira, abrindo-lhe o caminho para uma carreira acadêmica. Darcy respeitava o intelectual Fernando Henrique, que, tendo ganho uma eleição para presidente, se tornara *ipso facto* o mais importante intelectual-político de sua geração, "o melhor de nós todos", como disse algumas vezes. Por outro lado, lamentava que o presidente-intelectual estivesse amarrado aos compromissos da ala mais dominadora e elitista da política brasileira e que estivesse se aventurando num caminho que considerava desastroso para o país.

Muito antes do próprio presidente mover suas forças para a mudança constitucional que permitiria a reeleição, Darcy anunciava que o primeiro mandato do presidente Fernando Henrique seria "do Marco Maciel", isto é, do Partido da Frente Liberal, o PFL, enquanto que o segundo mandato é que viria a ser o seu próprio.

Nos últimos anos, Darcy se moveu politicamente na confiança de que a história iria ser retomada pela força carismática e desafiante de Brizola, ou possivelmente pela figura de Lula, numa aliança que unisse todo o espectro das forças progressistas brasileiras. Sonhava muito em trabalhar uma vez mais, no plano nacional, como educador, como defensor da floresta amazônica e dos caboclos que lá vivem, e ajudando os índios a obterem melhores condições de existência. Queria aplicar suas idéias no Brasil inteiro para que a população tivesse condições de se educar, a economia se desenvolvesse gerando empregos e diminuindo as desigualdades sociais, e a nação se erguesse politicamente no cenário internacional, como uma das grandes potências do próximo milênio. Para ele, o destino do Brasil era ser líder da América Latina, que um dia estaria unida, e ser mentor de uma nova civilização mundial, baseada por certo na tecnologia, mas também necessitada de um espírito humano que ele acreditava só existir verdadeiramente no Brasil. A atuação política de Darcy, em toda a sua generosidade e com as incoerências que surgiram aqui e ali, só pode ser compreendida dentro deste panorama antropológico do mundo que ele descortinara.

Reflexão e Debate

1. Em que sentido o interesse de Darcy pela questão indígena se liga com seu interesse pelo futuro do Brasil?
2. O amor que Darcy sentia pelo Brasil se exprimia sobretudo na sua visão nacionalista, de cunho getulista. Mostre como esse nacionalismo poderia ser conciliado com o seu esquerdismo, especialmente com sua visão comunista de que os problemas de cada país são responsabilidade do seu povo.
3. Darcy trabalhou pela educação brasileira de 1957 até sua morte, em 1997. Foi discípulo de Anísio Teixeira, que criou a Escola-Parque, na Bahia, e amigo de Paulo Freire, que criou o método de educação popular e admirava o projeto dos CIEPs. No entanto, seu projeto de LDB parece ter contrariado diversos pontos do projeto educacional da esquerda brasileira capitaneado por Florestan Fernandes na Câmara Federal. Argumente mostrando a convergência e a divergência entre esses dois projetos.

Temas

"Bem sei que este é um mundo só, de nações interdependentes. Mas sei, também, que as há autônomas, como também as há dependentes. Nós, brasileiros, bem podemos optar pela autonomia e pela singularidade, em razão de nossa dimensão continental e da condição de maior das províncias neolatinas."

Darcy Ribeiro

DARCY E OS ÍNDIOS

O primeiro grande tema da obra intelectual de Darcy foi o universo cultural, social e político dos índios brasileiros.

O etnólogo Darcy fez pesquisas de campo diretamente com mais de uma dezena de povos indígenas, entre eles os kaiowá-guarani, terena, ofayé-xavante, kadiwéu, xokleng, kaingang, bororo, tembé, guajajara, krêjê e urubu-ka'apor, e estudou as práticas culturais de tantos outros.

Trabalhando como diretor da seção de estudos do SPI e mais tarde como diretor do Museu do Índio, ele teve em mãos uma profusão de dados sobre todos os povos indígenas conhecidos e assistidos pelo órgão indigenista.

Sua obra etnológica abrange temas como parentesco, política, economia, adaptação ecológica, arte, mitologia, saber, além dos temas de política indigenista e da extinção e sobrevivência dos índios.

Analisaremos aqui o teor dessa obra em geral e alguns momentos mais ricos em criatividade e mais difundidos.

Os Kadiwéu

Os índios kadiwéu, também conhecidos historicamente como guaicurus, cavaleiros, ou mbayá, são um dos dois povos indígenas com quem Darcy conviveu mais tempo e estudou mais intimamente.

Habitantes do pantanal mato-grossense, Darcy esteve entre eles por duas vezes, em 1947 e 1948, tendo ao todo uns cinco meses de permanência.

Manteve por toda sua vida um contato com alguns dos kadiwéu que conheceu quando jovem, e os ajudou, como

Senador, a provar no Supremo Tribunal Federal que as terras que lhes haviam sido reservadas desde o fim do Império eram suas e deviam ser retomadas dos fazendeiros que durante anos as haviam arrendado para seu gado.

O primeiro livro que Darcy publicou versava sobre a arte e mitologia kadiwéu, valendo-lhe o prêmio "Paulo Prado" de 1950. Segundo Darcy, foi só a partir dessas premiação que sua mãe passou a aceitar o fato dele estar "metido com índios". Em 1980, Darcy republicou esse ensaio junto com dois outros num livro intitulado *Kadiwéu, ensaios etnológicos sobre o saber, o azar e a beleza*, que contém 220 desenhos de padrões geométricos próprios daquela cultura, de grande beleza artística, todos coletados por ele nos meses que passou com esse povo indígena. Darcy considerava que, no futuro, de todos os seus livros, provavelmente só aquele iria ser lido e republicado, mais pelo valor das obras indígenas do que por sua interpretação. De fato, o livro é belo desde a capa, e as estampas encantam acima de tudo.

Analisando os mitos de origens dos kadiwéu coletados por autores de séculos anteriores, bem como pelo próprio Darcy, ele escreve:

"Todas estas versões giram em torno de um tema central: a predestinação dos mbayá [kadiwéu] ao domínio dos outros povos; eles seriam o povo preferido do *Gônoêno-bôdi*, criado para subjugar os demais. E não é de estranhar que tivessem desenvolvido tal concepção, porque efetivamente, venceram a todos os povos que conseguiram alcançar. O território, que no auge de sua expansão cobriam nas sortidas guerreiras, se estendia de Assunção, no Paraguai, a Cuiabá, em Mato Grosso, e desde as aldeias dos Chiriguano a oeste, no interior do Chaco, até as barrancas do Paraná. Cativos trazidos de tribos de toda esta área, os serviam em sua aldeias, além de elevado número de cristãos, espanhóis e portugueses". (op. cit, pág. 5)

Sobre os kadiwéu, Darcy escreveu acerca de sua sociedade, incluindo o parentesco, o sistema de *ranking* social e a liderança tradicional, de sua mitologia, arte e epistemologia, incluindo a pajelança. Sua metodologia de trabalho levava em consideração as capacidades individuais daqueles índios que lhe serviam de informantes, como bem demonstra o seguinte texto:

"Varia muito o domínio dos kadiwéu sobre o seu patrimônio mítico, alguns poucos o conhecem bem, podem até contar as principais variações de certos temas; a maioria confunde as histórias, misturando motivos diferentes ao mesmo contexto. Embora todos os adultos já tenha ouvido algumas vezes cada história, nenhum as conhece perfeitamente para poder contar todas, com todos os pormenores. As lendas e outros documentos etno-psicológicos apresentados aqui são, por isto, mais numerosos que o repertório de qualquer kadiwéu em particular. Foram colhidas com informantes diferentes em idade, posição social, inteligência, grau de participação na própria cultura e de influências estranhas que sofreram, bem como em suas atitudes para com nossa cultura." (op.cit., pág. 38)

Guarani e Terena

Antes de estar com os kadiwéu, Darcy havia passado três meses visitando diversas aldeias dos índios kaiowá-guarani e terena, do Mato Grosso do Sul. Esta sua primeira pesquisa foi realizada propositadamente como preliminar à ida aos kadiwéu.

Os kaiowá e terena são povos indígenas que vivem em situações bastante precárias, cercados por fazendas, chácaras, povoados e cidades que os comprimem a viver uma vida nem bem rural, nem bem urbana.

Naqueles idos de 50, eles ainda tinham alguma mata para explorar e algum espaço ecológico para viver suas culturas mais livremente. Tomavam consciência do perigo que os cercava e procuravam assegurar meios de manter sua vida.

Sob o aspecto etnológico, terena e kaiowá são dois povos totalmente diversos entre si. O primeiro fala uma língua da família Aruak, sendo os mais meridionais desses povos, que têm representantes até na península da Flórida. Sua cultura havia se desenvolvido como intermediária entre a alta cultura andina e os povos do Pantanal. Em épocas pré-cabralinas e coloniais os terena, então chamados guaná, viviam sob o jugo dos kadiwéu, a quem pagavam tributo em forma de produtos agrícolas, deles recebendo proteção militar. Já os kaiowá são índios de fala tupi, descendentes dos guarani não catequizados, donos de uma cultura religiosa extremamente rica e vivenciada até hoje. O SPI, descuidadamente e conciliando interesses de fazendeiros, havia juntado diversas aldeias de terena e kaiowá em pequenas reservas. O relacionamento estabelecido entre esses povos se tornara desigual, com os terena se impondo sobre os kaiowá. Assim, a preocupação principal de Darcy em relação a esses dois povos do Mato Grosso do Sul estava, no momento de sua visita, nas condições de sua sobrevivência étnica, tendo escrito relatório ao SPI sobre como melhorar o funcionamento dos postos indígenas que os serviam. Anos mais tarde, Darcy analisou a situação desses povos no seu *Os índios e a civilização* nos seguintes termos:

"Os lavradores guaná [terena] que se deslocaram para a margem oriental do Paraguai acompanhando seus suseranos mbayá [kadiwéu] por contarem com a proteção dos portugueses se livraram dos antigos senhores. Como gente sedentária, produtora de mantimentos e de tecidos, esses guaná estabeleceram relações mais estreitas com os portugueses e foram mais rapidamente dominados. Notícias da primeira metade de século XIX indicam que alguns grupos foram aldeados junto ao Paraguai, outros mais a leste, no rio Miranda, onde se viram envolvidos na guerra entre brasileiros e paraguaios e tiveram suas aldeias invadidas. Findas as hostilidades, voltaram a instalar-se nos antigos locais e entraram em competição com os criadores de gado que, nesse período, começavam a ocupar a região.

A maior parte dos grupos guaná – entre eles os kinikináo e os layâna – perdeu suas terras, sendo compelidos a trabalhar para os que delas se apossaram, ou a se dispersar. Outros, como os terena, foram obrigados a afastar-se das terras mais férteis à margem do rio Miranda e a refugiar-se em terrenos áridos onde se tornou mais difícil sua vida de lavradores. Muitas de suas aldeias, ainda numerosas, estavam dominadas por negociantes de aguardente, sal e outros artigos. Viviam já como os sertanejos da região, do cultivo de pequenos roçados e como peões das fazendas. Assim os encontraria o General Rondon, nos primeiros anos deste século, quando construía na região uma linha telegráfica. Só nessa época conseguiram a demarcação dos territórios que ocupavam e certas garantias possessórias.

Embora falando o português e vivendo como sertanejos, os remanescentes dos guaná conservaram a língua tribal e alguns dos antigos costumes. Sua acomodação mais completa e mais fácil à sociedade rural sul-mato-grossense explica-se, provavelmente, pela experiência anterior de relações de subordinação para com outro grupo; pelo costume de produzirem um excedente de mantimentos em suas roças o qual, no passado, servia como tributo aos suseranos mbayá e, agora, destinado ao comércio com civilizados; finalmente, por serem lavradores desenvolvidos que podiam fornecer mantimentos às populações civilizadas, que crescia em torno deles, dedicadas à criação de gado. Graças a esta combinação de circunstâncias, os grupos Guaná que se conservaram na posse de glebas de terra sobreviveram em proporção muito mais alta." (op. cit., págs. 83-84)

Quanto aos kaiowá, Darcy os situa geográfica, histórica e etnologicamente do seguinte modo:

"À margem dessa vasta região de campos que vimos estudando, no extremo sudeste de Mato Grosso, começa uma área de matas, a princípio ainda intercalada de campos, mas que daí por diante ganha densidade. É a extensão mais ocidental da floresta atlântica cujos habitantes indígenas estudaremos em separado. Aqui trataremos somente das tribos guarani que tinham seu *habitat* nas matas que margeiam os afluentes do rio Paraná, em território hoje compreendido pelo sul de Mato Grosso, oeste de São Paulo, Paraná e Rio Grande do Sul.

Essa foi uma das regiões de maior densidade demográfica do Brasil indígena. Aí os jesuítas conseguiram juntar a maior parte dos índios que povoaram suas célebres missões do Paraguai. Graças a uma organização econômica coletivista, elevaram essas tribos guarani a um nível de desenvolvimento material e de domínio de técnicas européias jamais alcançado depois. Mas constituíram, também, verdadeiros viveiros de escravos, primeiro para os bandeirantes paulistas –, que, segundo cálculos talvez exagerados dos jesuítas, mataram e escravizaram mais de trezentos mil índios missioneiros – depois para os fazendeiros paraguaios, que, com a expulsão da Companhia de Jesus, se apossaram das Missões, tomando a terra aos índios e levando-os ao último grau de penúria e desespero.

Após a destruição das missões jesuíticas, uma parte das tribos guarani que as povoavam fundiu-se com a população rural do Paraguai; são os guarani modernos. Outra parte fugiu para as matas, indo juntar-se aos grupos que se tinham mantido independentes, voltando a viver a antiga vida de lavradores e caçadores. Estes são os kaiowá, guarani primitivos contemporâneos. Esses guarani primitivos se viram envolvidos pelas tropas em luta durante a guerra do Paraguai e tiveram, então, os primeiros contatos maciços com brasileiros. Cessadas as hostilidades, a região foi evacuada e eles puderam continuar a levar a vida independente em sua matas.

A ocupação econômica da região começou pelos campos marginais, onde viviam outras tribos, como os ofaié, não atingindo os guarani porque estes estavam nas matas que não interessavam aos criadores. Atrás deles, porém, vieram os extratores de erva-mate que crescia nativa naquelas matas. Em poucos anos, toda a região era devassada, descobertos e postos em exploração os ervais e os índios engajados neste trabalho. A exploração dos ervais de Mato Grosso foi realizada principalmente por paraguaios que, falando também o guarani, mais facilmente puderam aliciar os índios para o trabalho, ensinar-lhes as técnicas de extração e o preparo da erva e acostumá-los ao uso de ferramentas, panos, aguardente, sal e outros artigos, cujo fornecimento posterior era condicionado à sua integração, como mão-de-obra, na economia ervateira.

Nos primeiros anos deste século os ervateiros dominavam toda a região e começava a se tornar difícil para um grupo indígena manter-se à margem, conservando a vida tribal. Um após outro, os maiores grupos foram sendo engajados como assalariados temporários dos ervateiros, acostumando-se a fazer deste trabalho a fonte de suprimento de artigos antes desconhecidos e que haviam se tornado necessidade vital para eles. A maioria daquelas tribos entrara em colapso pela impossibilidade de conciliar as exigências do trabalho assalariado individual com sua economia coletivista. Deste modo, os guarani que haviam escapado das Missões, dos paulistas e dos colonos paraguaios, caem novamente na penúria e no desespero a que tantas vezes já os tinha levado o contato com a civilização.

Recrudesce, então, a velha tendência dos povos tupi-guarani de exprimirem o desespero através de manifestações religiosas, de movimentos migratórios de fundamento mítico. É a busca da Terra sem Males. Grupos guarani voltam a deslocar-se de seu território, em grandes levas, como vinham fazendo desde princípios do século passado, rumo ao litoral atlântico. São liderados pelos pajés que, baseados nos relatos míticos, prevêem o fim do mundo e prometem salvar seu povo, levando-o em vida a um paraíso extraterreno." (págs. 88-90)

Na convivência com os kaiowá, Darcy conheceu Marçal Tupã-i e com ele trocou correspondência pelos anos seguintes. No final dos anos 70, Marçal havia se tornado o grande líder kaiowá da região, dono de um discurso poderoso e de uma determinação inabalável para defender seu povo dos civilizados que queriam tomar o pouco que restava de suas terras e que os exploravam como trabalhadores rurais. Marçal foi escolhido para ser o porta-voz dos índios perante o Papa João Paulo II, quando de sua visita ao Brasil em 1980. Dois anos depois, ele foi assassinado na porta de sua casa a mando de fazendeiros locais. Só em 1995 é que seus assassinos foram levados à justiça e condenados.

Urubu-Ka'apor

Em fins de 1949, Darcy se dirigiu à fronteira do Pará com o Maranhão para estudar os urubu-ka'apor, um povo de fala tupi que havia sido "pacificado" por uma equipe do SPI, em 1928, após mais de 15 anos de tentativas frustadas. Os ka'apor eram um povo aguerrido, com flechas de ponta de ferro, que por meio século pôs em polvorosa os povoados, regatões e mocambos entre os rios Capim, no Pará, e o Turiaçu, no Maranhão, tendo ao meio o vale do rio Gurupi.

Darcy queria conhecer um povo cuja cultura fosse original, pouco modificada pela presença do homem branco, e os ka'apor se prestavam perfeitamente a esse intuito. Consigo vieram um lingüista francês, Max Boudin, e um cinegrafista brasileiro de origem alemã, Heinz Foerthmann, com quem Darcy fez um filme sobre a vida cotidiana daquele povo indígena. Numa segunda viagem, Darcy trouxe o aprendiz de antropólogo inglês Jules Huxley, que mais tarde escreveu um livro sobre os urubu-ka'apor. Seu principal auxiliar de campo foi, na verdade, o chefe do posto que atendia a esses índios, João Carvalho, que havia aprendido a falar a língua ka'apor e se fizera bem quisto por eles.

Porém, esta não foi uma pesquisa fácil. Uma epidemia de sarampo atacou as aldeias ka'apor e as dos índios tembé e krêjê e, em quatro meses, matou 160 dos 750 ka'apor. Seu livro *Diários Índios*, publicado em 1996, constitui um documento vivo do esforço de Darcy em realizar uma pesquisa e ao mesmo tempo atender às exigências do seu compromisso ético de cuidar ou, ao menos, estar ao lado e arrefecer o sofrimento de tantos índios tomados pelo sarampo, conjuntivite, fome e desengano total. A pequena farmácia que havia levado para eventualidades terminou sendo o refrigério de alguns poucos ka'apor que Darcy pôde atender. Finalmente, em março de 1950 a epidemia foi controlada e as aldeias se recompuseram.

Darcy amou os urubu-ka'apor, sua civilidade encantadora e seu desejo de conhecer as coisas do mundo. Com um informante, anakãpuku, ele obteve os nomes de mais de

1.200 parentes até a quinta geração ascendente, um feito de memória extraordinário em povos indígenas do Brasil. Com isso Darcy pôde traçar a história dos ka'apor desde seu lugar de origem, em águas do Tocantins, até a conquista dos vales do Gurupi e Turiaçu, de onde expulsaram os tembé e os negros de quilombo.

Sob muitos aspectos a cultura dos ka'apor parecia com a dos antigos Tupinambá, o que fizera Darcy supor que eles eram remanescentes destes, tendo inclusive mantido uma vaga memória da prática do ritual canibalístico. Tal hipótese, no entanto, parece longe de verificação, já que, ao longo da história colonial, os Tupinambá foram trazidos para aldeias perto de Belém e foram se constituindo na população cabocla local. Como os ka'apor, com línguas e culturas igualmente semelhantes à dos Tupinambá, há uma dezena de povos tupis do baixo Tocantins, alguns dos quais migraram do oeste para o Xingu e do leste para o Maranhão.

Sobre os ka'apor, Darcy escreveu um artigo pioneiro mostrando sua adaptação ecológica e um memorável ensaio sobre a saga de um índio, Uirá, que sai de sua aldeia com mulher e filhos em busca de Maíra, o herói civilizador dos ka'apor. Caminhando em direção ao sol nascente, ele atravessa a floresta e penetra na baixada maranhense. Incompreendido pelos brasileiros com quem vai se deparando, sofre toda sorte de maus tratos, espancamento e prisão, sem contar a incompreensão da própria família, que não sabia porque ele se sujeitava a tantos sacrifícios. Em São Luís, o Serviço de Proteção aos Índios o encontra preso como um louco numa cela imunda, o recolhe e o protege, mostra-lhe a cidade e depois providencia o seu retorno à sua terra. Porém, o desígnio de Uirá era outro. Subindo o rio Pindaré numa barca, de repente ele pula num remanso cheio de piranhas e é devorado por elas. Dessa história verídica, acontecida em 1939, e desse relato, foi feito um filme, *Uirá sai à procura de Deus*, que teve boa repercussão comercial nos anos 70.

Com os ka'apor Darcy ganhou o sentimento do valor da floresta amazônica para os índios e também para o Brasil e para a humanidade. Suas descrições da floresta, seus posicionamentos políticos contra a destruição da Amazônia vêm dessa vivência. Seus romances *Maíra* e *Utopia selvagem* são ambientados sobre o conhecimento que ele adquiriu dessa experiência. Suas longas caminhadas pela floresta, seus diálogos com os índios, suas reflexões sobre a cultura marginalizada dos pobres caboclos e negros de antigos quilombos, e até a história de um sírio velho que há meio século vivia no delta do Gurupi podem ser apreciadas nos seus *Diários Índios*.

Nesse trecho Darcy pára para refletir sobre a qualidade da vida dos ka'apor, inclusive suas inclinações intelectuais. Está aqui resumida a visão que Darcy irá propagar nos anos seguintes sobre a fonte do saber indígena, seu espírito livre de curiosidade, e sua inclinação artística, que vem de sua vontade de beleza.

"Este Tanuru é outro caso extraordinário de um intelectual índio. Pequenininho, feio, tem uma mente luminosa. Domina, como ninguém, o patrimônio mítico de seu povo e é capaz de dizê-lo da forma mais clara e sensível. Aprendi com ele, com Anakãpuku e outros índios com quem trabalhei, a apreciar e admirar esses intelectuais iletrados. Eu os conheci, também, entre lavradores e pioneiros pobres, ainda que menos vivazes, porque estão dominados pela idéia de que os saberes pertencem aos doutores.

Intelectual, para mim, é, pois, aquele que melhor domina e expressa o saber de seu grupo. Saberes copiosíssimos, como o dos índios sobre a natureza e sobre o ser humano, ativados por uma curiosidade acesa de gente que se acha capaz de compreender e explicar tudo. Saberes mais modestos, frutos de uma lusitana tradição oral, vetusta, ou de heranças culturais de outras matrizes, são os de nossos sertanejos.

Uma das coisas que mais me encantam nos meus ka'apor é sua vivacidade sempre acesa e sua curiosidade voraz. Ela só se compara às outras altas qualidades deles, que são um talento enorme para a convivência solidária e a veemente vontade de beleza que põem em tudo que fazem. Dói ver como tudo isso se perdeu para nós. O monopólio do saber escolástico, exercendo-se como uma massa opressiva, mantém o povo não só ignorante, mas conformado com sua ignorância. Eles sabem que não sabem, assim como sabem que são pobres e nada podem fazer contra uma carência ou outra." (*Diários Índios*, págs. 545-546).

Os Índios e a Civilização destoa um tanto do espírito da série *Estudos de Antropologia da Civilização* já que se constitui de um conjunto de artigos publicados ainda na década de 50, os quais tentam dar conta do grave problema da extinção ou sobrevivência étnica dos povos indígenas no Brasil no século XX. Darcy apresenta dados e argumentos que demonstram que mais de 87 etnias foram extintas entre 1900 e 1957, algumas até depois do contato feito pelo SPI. Felizmente esse número foi revisto na década de 80 e se viu que pelo menos 20 dessas etnias dadas como extintas estavam de alguma forma submersas e se revitalizaram a partir dos anos 60.

Naquele momento, Darcy tinha uma visão pessimista sobre o destino dos índios para as próximas décadas. Seu livro soa como uma espécie de acusação lamentosa contra a ação predadora da nação brasileira sobre os povos indígenas que nela habitam. Porém, inesperadamente, surge nele o conceito de **transfiguração étnica**, pelo qual os povos que são influenciados por culturas mais potentes podem se adaptar e se transmutar, sem perder suas identidades básicas. Assim, teoricamente Darcy consegue ver a possibilidade de sobrevivência dos povos indígenas, um feito surpreendente para quem, na prática, só via sinais de cataclismos. No prefácio que vai escrever para o livro do presente autor, *Os índios e o Brasil*, publicado em 1988, Darcy reconhecerá que mais de 200 etnias haviam sobrevivido ao holocausto de meio milênio de duração, e que a grande maioria delas estava em franco crescimento demográfico.

De onde Darcy tirou essa visão teórica? Da sua experiência de ver povos como os guarani, terena, kaingang e guajajara sobrevivendo e crescendo em números ainda na década de 50. Aqui temos uma aparente contradição entre teoria e empiria, que só podia advir do fato de que todos esperavam o fim dos povos indígenas.

"As relações da sociedade nacional com as tribos indígenas se processam como um enfrentamento entre entidades étnicas mutuamente exclusivas. Dada a desproporção demográfica e a de nível evolutivo que existe entre elas, a interação representa uma ameaça permanente de desintegração das etnias tribais. A reação destas consiste, essencialmente, num esforço para manter ou recuperar sua autonomia e para preservar sua identidade étnica, seja através do retorno real ou compensatório a formas tradicionais de existência, sempre quando isto ainda é possível; seja mediante alterações sucessivas nas instituições tribais que tornem menos deletéria a interação com a sociedade nacional. Esta reação não é, obviamente, um propósito lucidamente perseguido, mas antes uma conseqüência necessária de sua natureza de entidade étnica. As uniformidades mais gerais do processo de transfiguração étnica podem ser assim sumariadas:
1. Ao primeiro contato pacífico com a sociedade nacional, o indígena lhe empresta um enorme prestígio em virtude

de sua imensa superioridade técnica e, geralmente, se faz receptivo aos elementos culturais que lhe são apresentados de forma indiscriminada, adotando tanto os que possam ser de utilidade imediata como outros, supérfluos e até inconvenientes.

2. Após essa primeira fase, vem outra em que se definem preferências e idiossincrasias, se estabilizam hábitos novos e se fixam necessidades econômicas conducentes a um convívio cada vez mais intenso com os agentes locais da sociedade nacional.

3. Quando a mortalidade e a desorganização interna do grupo, conseqüente das compulsões ecológicas e bióticas, começa a alertá-los para o preço que estão pagando pelo convívio pacífico com os civilizados, sobrevêm, em geral, fases violentas contra-aculturação. Quase sempre já é tarde para voltar atrás, seja porque a fuga se torna impraticável, seja porque a própria cultura tribal já está traumatizada pelas dúvidas, contradições e interesses em conflito. Alguns grupos encontram expressão para o seu desengano em movimentos messiânicos que se reiteram periodicamente; outros, na exacerbação da conduta religiosa, como uma reação compensatória. A maioria, porém, cai numa atitude de resignação e de amarga reserva para com a sociedade nacional.

4. Em todos os casos – se o grupo sobrevive – prossegue o processo de aculturação e de transfiguração étnica regido, agora, pelas compulsões decorrentes da satisfação de necessidades adquiridas que exigem uma interação cada vez mais intensa com o contexto regional e a incorporação progressiva dos índios na força de trabalho, como a camada mais miserável dela.

5. O destino de cada grupo dependerá, fundamentalmente, do ritmo em que opera a transfiguração étnica. Quando é

muito intenso, acumulam-se tensões que condenam a tribo ao extermínio pela perda de seu substrato populacional e pelo colapso de sua estrutura sociocultural. Quando é mais lento, enseja redefinições do patrimônio cultural, recuperação dos desgastes biológicos e o estabelecimento de formas de acomodação entre a tribo e seu contexto regional de convívio que possibilitam prolongar a sobrevivência e a persistência da identificação étnica.

6. Uma vez fixados os vínculos de dependência econômica para com o contexto regional, a tribo só pode conservar os elementos da antiga cultura que sejam compatíveis com sua condição de índios integrados, embora não assimilados. Isso importa numa aculturação que culminará por configurá-los como índios genéricos que quase nada conservam do patrimônio original, mas permanecem definidos como índios e identificando-se como tais. O convívio desses índios genéricos com a população brasileira é mediatizado por um corpo de representações recíprocas que, figurando uns aos olhos dos outros da forma mais preconceituosa, antes os isola que os comunica, perpetuando sua condição de alternos em oposição."
("Seqüência típica da transfiguração étnica", in *Os Índios e a Civilização*, págs. 442-446).

DARCY E A ANTROPOLOGIA

O Processo civilizatório é o livro de maior fôlego teórico de Darcy. Sua intenção era apresentar um panorama explicativo sobre como as culturas e sociedades humanas chegaram a ser o que são hoje, o que significava, do seu ponto de vista, atualizar as obras de Marx e Engels e de Morgan anteriormente citadas.

Tal empreendimento não foi de pouca monta, particularmente para alguém que não tinha acesso às grandes bibliotecas européias e americanas. Para realizar essa tarefa Darcy contou com a ajuda valiosíssima de Betty Meggers, que lhe mandou cópias dos muitos livros e artigos de autores que ele precisava conhecer. Assim, ele se atualizou com a literatura arqueológica e antropológica da época. Sua esposa, Berta Ribeiro, o ajudou imensamente traduzindo esses textos, já que Darcy permaneceu praticamente monolíngüe durante toda sua vida.

O Processo civilizatório é, de fato, a atualização da teoria da evolução cultural à luz dos dados da Arqueologia e Antropologia materialista das décadas de 50 e 60. Ele foi discutido por especialistas na principal revista internacional de Antropologia, *Current Anthropology*, e recebido calorosamente pela maioria dos seus comentaristas como uma contribuição de qualidade na formulação, ou ao menos uma sintetização coerente, da teoria da evolução cultural. As principais idéias contidas nesse livro vinham de estudos sobre evolução cultural anteriores, mas Darcy introduziu alguns conceitos de ordem sociológica com o intuito de valorizar o papel do agente humano, seja como cultura ou como sociedade, dando-lhe um caráter de autoconsciência através do qual ele seria capaz de se posicionar diferentemente e transcender momentos políticos de sua existência. Tais eram, por exemplo, os conceitos de **aceleração evolutiva** e seu oposto, **atualização histórica**, nos quais o agente humano eleva sua condição para uma situação a par com outras culturas ou sociedades, ou, movido por interesses segmentais, recusa a transformação e apenas se submete ao papel de subordinado a uma cultura dominante. Igualmente os conceitos de **cultura autêntica** e **cultura espúria**, embora emprestados do antropólogo americano Leslie Spier, do início do século, tomam um sentido político-sociológico que abre caminho para a ação do agente humano no processo de transformações autoconscientes.

Nesse trecho está resumida a visão teórica de Darcy como antropólogo e marxista. Leitor de Lewis H. Morgan, Engels e Marx, Gordon Childe, Leslie White e Julian Stewart, Darcy tenta compatibilizar as descobertas da arqueologia moderna com o esquema evolucionista proposto ainda no século passado para representar as diferenças entre culturas e o caminho possível da evolução social. A ênfase maior é dada à tecnologia, que propicia o aumento da energia produtiva de uma sociedade e escora as mudanças de ordem social e ideológica. A grande questão da antropologia contemporânea sobre esse assunto é aferir o quanto de influência pode haver, pelo caminho reverso, da ordem ideológica sobre a tecnológica, ou, pelo caminho dialético, o quanto é que essas duas ordens se influenciam mutuamente.

"A história das sociedades humanas nos últimos dez milênios pode ser explicada em termos de uma sucessão de revoluções tecnológicas e de processos civilizatórios, através dos quais a maioria dos homens passa de uma condição generalizada de caçadores e coletores para diversos modos, mais uniformes do que diferenciados, de prover a subsistência, de organizar a vida social e de explicar suas próprias experiências. Tais modos diferenciados de ser, ainda que variem amplamente em seus conteúdos culturais, não variam arbitrariamente, porque se enquadram em três ordens de imperativos. Primeiro, o caráter acumulativo do progresso tecnológico que se desenvolve desde formas mais elementares a formas mais complexas, de acordo com uma seqüência irreversível. Segundo, as relações recíprocas entre o equipamento tecnológico empregado por uma sociedade em sua atuação sobre a natureza para produzir bens e a magnitude de sua população, a forma de organização das relações internas entre seus membros bem como das suas relações com outras sociedades. Terceiro, a interação entre esses esforços de controle da natureza e de ordenação das relações humanas e a cultura, entendida como o patrimônio simbólico dos modos padronizados de pensar e de saber que se manifestam, materialmente, nos artefatos e bens; expressamente, através da conduta social, e, ideologicamente, pela comunicação simbólica e pela formulação da experiência social em corpos de saber, de crenças e de valores.

Essas três ordens de imperativos – tecnológico, social e ideológico – e o caráter necessário de suas respectivas conexões fazem com que a uma classificação de etapas evolutivas de base tecnológica devam corresponder classificações complementares fundadas nos padrões de organização social e nos moldes de configuração ideológica. Se isto é verdade, torna-se possível elaborar uma tipologia evolutiva geral, válida para as três esferas, ainda que fundada na primeira delas, e em cujos termos se possam situar as sociedades humanas em um número limitado de modelos estruturais seriados numa seqüência de grandes etapas evolutivas.

(...) O conceito básico subjacente às teorias de evolução sociocultural é o de que as sociedades humanas, no curso de longos períodos, experimentam dois processos simultâneos e mutuamente complementares de autotransformação, um deles responsável pela diversificação, o outro pela homogeneização das culturas. Por força do primeiro processo, as sociedades tendem a multiplicar seus contigentes populacionais, a desdobrar as entidades étnicas em que estes se aglutinam e a diversificar seus respectivos patrimônios culturais. Por força do segundo processo, porém, esta diversificação, em lugar de conduzir a uma diferenciação crescente dos grupos humanos, conduz à homogeneização de seus modos de vida através da fusão das entidades étnicas em unidades cada vez mais inclusivas e da construção de seus patrimônios culturais dentro de linhas paralelas, tendentes a uniformizá-los.

(...) A evolução sociocultural tal como conceituada até aqui é um processo interno de transformação e autosuperação, se gera e se desenvolve dentro das culturas, condicionado pelos enquadramentos extraculturais a que nos referimos. Na realidade, porém, as culturas são construídas e mantidas por sociedades que não existem isoladamente, mas em permanente interação umas com as outras. Destas relações externas, diretas e indiretas, decorre um outro modelador do processo evolutivo que, aos fatores de desenvolvimento interno, acrescenta fatores externos. Assim, à criatividade interna, responsável por inovações culturais próprias, somam-se a difusão, responsável pela introdução de novos traços culturais, e as compulsões sociais decorrentes da dominação externa, ambas igualmente capazes de alterar o curso do desenvolvimento evolutivo de uma sociedade. Embora seja possível isolar conceitualmente as variações devidas à adaptação ecológica especializante, o mesmo não ocorre com respeito à difusão e às compulsões externas. Sua importância é tão decisiva no processo geral, que uma teoria da evolução sociocultural só será satisfatória se combinar esses três motores básicos da evolução: as invenções e descobertas, a difusão e a compulsão social acumulativa.

...O fato de atribuir-se um poder determinante às inovações tecnológico-produtivas e militares não exclui a possibilidade de atuação de outras forças dinâmicas. Assim é que, dentro de escalas reduzidas de tempo, é igualmente identificável um poder condicionante das formas de ordenação da vida social sobre as potencialidades de exploração do progresso tecnológico, bem como papel fecundante ou liminativo de certos conteúdos do sistema ideológico – como o saber e a ciência – sobre a tecnologia e, através dela, sobre a estrutura social." ("Pressupostos teóricos", in *O Processo civilizatório*, págs. 34-39).

As Américas e a Civilização é um dos livros mais editados dessa série, especialmente na América Latina, precisamente porque ele fala da inserção dos países americanos, desde tempos pré-colombianos até o presente, tanto daqueles colonizados por anglo-saxões, quanto os de estirpe latina, no panorama evolutivo mundial. A questão fundamental desse tema é a realidade contrastiva entre a América do Norte e a América Latina. Por que os Estados Unidos e Canadá se desenvolveram e alcançaram o nível das matrizes européias, – e até lhe tomaram as rédeas, – e as nações latino-americanas, do rio Grande para baixo, ficaram para trás, apesar de terem produzido tantas riquezas em prata, açúcar e ouro até o século XIX?

Diversas respostas a essa questão já haviam sido aventadas por muitos autores, tais como, a diferença de religiões (protestantismo e catolicismo), as diferenças de clima temperado e tropical, o contraste entre o anglo-saxão e o latino, a mestiçagem aqui e uma suposta pureza de raças lá, a diferença entre uma colonização de aventureiros predadores e uma colonização de *farmers*, ou lavradores com terra, o centralismo burocrático aqui e a liberdade de ação lá, enfim, o prolongamento de uma espécie de feudalismo aqui e o desenvolvimento do capitalismo lá. Darcy discute todas essas questões, aquilatando as suas influências, rejeitando a de ordem racial, e concluindo pela importância maior da ação negativa das elites latino-americanas, que viveram sempre do estado centralizado, que se consideravam superiores ao povo em geral e que recusaram todas as tentativas de mudança para uma ordem menos opressiva e menos desigual. Como transformar esse estado de coisas tornou-se a preocupação político-cultural maior de Darcy.

No trecho a seguir, Darcy expõe sua visão sobre a singularidade dos povos americanos e especialmente do Brasil, um tema que vai servir de bandeira político-ideológica para ele nos anos seguintes. Traçando suas origens a Roma, Darcy vai dar uma dimensão ao Brasil que poucos autores tiveram o sentimento de fazê-lo. A noção de morenidade está aqui presente em sua argumentação antropológica mais bem definida.

"[Os novos *ethos* dos povos extra-europeus] são o sintoma mais peremptório do encerramento do ciclo civilizador europeu. Tal como ocorreu com a civilização romana e com tantas outras que, depois de operarem, por séculos, como centros de expansão sobre amplos contextos dóceis à sua agressão, viram os povos destes mesmos contextos – por força de seu amadurecimento étnico e da adoção das técnicas e valores da própria civilização expansionista – reverterem sobre elas como ondas bárbaras, também a civilização européia experimenta, em nossos dias, esta mesma reversão.

Ela já não se faz na forma de ondas destruidoras do antigo centro reitor, mas como rebeliões libertárias de povos subjugados que reassumem sua imagem étnica, orgulhosos dela, e se definem papéis próprios na história. Também agora, o resultado da reversão não é o mergulho numa nova "idade obscura", com a segmentação dos povos em novos feudalismos. Será, isto sim, a libertação do jugo ao sistema policêntrico que sucedeu à dominação européia, para se integrarem todos no corpo de uma nova civilização, afinal ecumênica e humana.

(...) Tanto quanto os povos do contexto extra-europeu, os próprios europeus emergentes do domínio romano já não eram eles próprios. Séculos de ocupação e de aculturação os haviam transfigurado, cultural, étnica e lingüisticamente. A França é uma empresa cultural romana, como o são também os povos ibéricos, frutos todos da subjugação de povos tribais ao cônsul, ao mercador e ao soldado romano, mas frutos também das invasões romanas posteriores. As tribos germânicas e eslavas, mais resistentes à romanização ascenderam à condição de povos, igualmente impulsionados pela ação civilizadora dos romanos, transfigurando-se ao longo desse processo.

O poder coercitivo da civilização européia sobre sua área de expansão nas Américas foi, porém, muito superior ao dos romanos. Na Europa inteira sobrevivem línguas e culturas não-latinas e até mesmo dentro de áreas latinizadas subsistem bolsões étnicos a atestarem o quanto foi viável a resistência à romanização. Nas Américas, com exceção das altas civilizações indígenas e da ilha de isolamento em que se transformou o Paraguai, os quais a Europa, não pôde assimilar completamente, tudo foi comprimido e moldado segundo o padrão lingüístico-cultural europeu que presidiu à colonização. Assim, o espanhol e o português, como também o inglês falados nas Américas são mais homogêneos e indiferenciados que as falas da península ibérica e das ilhas britânicas. Esta uniformidade lingüístico-cultural e também étnica só se explica como o resultado de um processo civilizatório muito mais intensivo e continuado, capaz de assimilar e fundir os contigentes mais díspares na conformação de novas variantes das etnias civilizadoras.

A macroetnia pós-romana dos ibéricos, que já resistira ao domínio secular dos mouros e dos negros africanizando-se racial e culturalmente, defrontou-se na América com uma nova provação. Frente a milhões de indígenas e a outros tantos milhões de negros, novamente se transfigurou, mais amorenando-se e mais se aculturando e, deste modo, enriquecendo seu patrimônio biológico e cultural; mas também resistindo à desintegração para impor sua língua e seu perfil cultural básico às novas etnias que faria nascer. Esta foi a façanha de uns 200 mil europeus que vieram no século XVI para as Américas e que aqui dominaram milhões de índios e de negros, fundindo-os num novo complexo cultural que tira sua extraordinária uniformidade principalmente dos cimentos ibéricos com que foi amalgamado.

Os latino-americanos são, hoje, o rebento de dois mil anos de latinidade, caldeada com populações mongolóides e negróides, temperada com a herança de múltiplos patrimônios culturais e cristalizada sob a compulsão do escravismo e da expansão salvacionista ibérica. Vale dizer, são a um tempo uma civilização velha como as mais velhas, enquanto cultura; metida em povos novos, como os mais novos, enquanto etnias. O patrimônio velho se exprime, socialmente, no que tem de pior; a postura consular e alienada das classes dominantes; os hábitos caudilhescos de mando e o gosto pelo poder pessoal; a profunda discriminação social entre ricos e pobres, que mais separa aos homens do que a cor da pele; os costumes senhoriais como o gozo do lazer, o culto da cortesia entre patrícios, o desprezo pelo trabalho, o conformismo e a resignação dos pobres com sua pobreza.

O novo se exprime na energia afirmadora que emerge das camadas oprimidas, afinal despertas para o caráter profano e erradicável da miséria em que sempre viveram; na assunção cada vez mais lúcida e orgulhosa da própria imagem étnico-mestiça; no equacionamento das causas do atraso e da penúria e na rebelião contra a ordem vigente." ("A singularidade dos povos americanos" in *As Américas e a Civilização*, págs. 84-87).

DARCY E A EDUCAÇÃO

A Universidade de Brasília, UnB, não foi obra exclusiva de Darcy. Personalidades políticas e intelectuais como Anísio Teixeira, Hermes Lima, Frei Mateus Rocha e outros luminares da academia brasileira da época foram fundamentais para a sua implantação.

Entretanto, Darcy foi a figura central nesse processo. Por esse motivo, tornou-se conhecido nos círculos intelectuais e acadêmicos por toda a América Latina, antes mesmo de ter virado ministro e exilado político e de ter publicado suas obras de antropologia da civilização.

Ainda em 1965, ele ajudou a reformar a Universidade Oriental do Uruguai e nos anos 70 contribuiu com a reformulação da Universidade Central da Venezuela e a implantação da Universidade Autônoma da Costa Rica. Em todos os casos Darcy fez os projetos dessas universidades nos moldes da UnB. O livro *A Universidade necessária*, contém sua visão sobre a importância da universidade para países que precisam avançar culturalmente, como centro de produção do conhecimento experimental, como fulcro divulgador do conhecimento e como diretriz intelectual e moral da constituição da nova civilização mundial baseada na ciência e na tecnologia.

Eis aqui alguns trechos do seu plano de implantação da Universidade de Brasília.

"O projeto de estruturação da Universidade de Brasília é toda uma inovação. Contrasta não só com a forma de organização de nossas universidades tradicionais, como também com qualquer outro modelo de universidade existente.

Para alcançar os propósitos que lhe foram assinados, a UnB foi estruturada de modo tal que permitisse:

— Estabelecer uma nítida distinção entre os órgãos dedicados a atividades de preparação científica ou humanística básica e os de treinamento profissional, liberando estes últimos da tarefa de formar pesquisadores a fim de permitir que cuidassem melhor do seu campo específico.

— Evitar a multiplicação desnecessária e onerosa de instalações, de equipamentos e de pessoal docente, para que, concentrados numa só unidade para cada campo do saber, permitissem um exercício eficaz do ensino e da pesquisa.

— Proporcionar modalidades novas de preparação científica e de especialização profissional, mediante a combinação de determinado tipo de formação básica com linhas especiais de treinamento profissional.

— Organizar programas regulares de pós-graduação, a fim de outorgar graus de mestre e doutor de validade internacional para formar seus próprios quadros docentes e elevar a qualificação do magistério superior do país.

— Selecionar os futuros quadros científicos e culturais dentre todos os estudantes que freqüentassem os cursos introdutórios da universidade, e ali revelassem especial aptidão para a pesquisa fundamental, em lugar de fazê-lo entre os que, concluindo o curso secundário, optam "vocacionalmente" por uma formação científica.

— Dar ao estudante a oportunidade de optar por uma orientação profissional sobre os diferentes campos a que se poderia devotar e sobre suas próprias aptidões.

— Ensejar uma integração mais completa da universidade com o país pela atenção aos problemas nacionais como tema de estudos, de assessoramento público e de ensino.

— Constituir um verdadeiro campus universitário onde alunos e professores convivessem numa comunidade efetivamente comunicada tanto pelo co-governo de si mesma, como pela integração dos estudos curriculares com amplos programas de atividades sociais, políticas e culturais, com o propósito de criar um ambiente propício à transmissão do saber, à criatividade e à formação de mentalidades mais abertas, mais generosas, mais lúcidas e mais solidárias.

— Oferecer a todos os estudantes durante os seus dois primeiros anos de curso tanto programas científicos como humanísticos, a fim de proporcionar ao futuro cientista ou profissional oportunidade de fazer-se também herdeiro do patrimônio cultural e artístico da humanidade, e ao futuro graduado de carreiras humanísticas, uma formação científica básica.

A simples enunciação destas proposições gerais indica claramente a necessidade de estruturar uma universidade de novo tipo, modelada com o propósito expresso de alcançá-las. Este requisito de renovação estrutural se acentuava ainda mais em face da necessidade específica de proporcionar à nova capital os seguintes serviços:

— Abrir à juventude de Brasília as amplas oportunidades de educação superior que ela reclamaria, estendendo-se na medida do possível a jovens selecionados por sua capacidade de aprender, procedentes de todo o país, e a uma parcela da juventude latino-americana.

— Contribuir para que Brasília exercesse, tão rapidamente quanto possível, as funções integradoras que teria de cumprir como núcleo cultural autônomo, fecundo, renovador e capacitado a interagir com os principais centros metropolitanos do país.

— Proporcionar aos poderes públicos o assessoramento livre e competente de que careceriam em todos os ramos do saber e que, numa cidade nova e artificial, somente uma universidade madura e autônoma poderia proporcionar.

— Abrir à população de Brasília amplas perspectivas culturais que a livrassem do grave risco de fazer-se medíocre e provinciana no cenário urbanístico e arquitetônico mais moderno do mundo.

— Assegurar aos profissionais de nível superior residentes na nova capital oportunidades de reciclagem e especialização, através do programa de educação continuada." ("A Universidade de Brasília", in *Testemunho*, págs. 119-123).

Darcy trabalhou arduamente na confecção da nova Lei de Diretrizes e Bases da Educação, promulgada em dezembro de 1996. Durante o primeiro ano de seu mandato, ele apresentou seu projeto de lei, atropelando um projeto que era discutido na Câmara Federal, o qual ele considerava muito detalhista e corporativista. Mais de três anos iriam passar entre idas e vindas desses dois projetos até que uma lei viesse a ser aprovada nas duas casas. Comparando a primeira proposta de Darcy e o resultado aprovado há muitas diferenças, algumas de conteúdo, outras de forma, outras de maior detalhamento. De qualquer modo, a argumentação que levou Darcy a elaborar seu anteprojeto está aqui resumida nesse discurso.

"É comprovável numericamente que nossa escola pública primária forma mais analfabetos que alfabetizados, tão grande e até majoritária é a proporção de crianças que a freqüentam por quatro a seis anos, sem alcançar a quarta série do ensino fundamental. Vale dizer, sem a capacidade elementar de ler, escrever e contar, só alcançável naquele nível e que constitui o requisito fundamental do exercício lúcido da cidadania e da integração no mundo do trabalho, com possibilidades de progresso pessoal.

(...) As famílias brasileiras, mesmo as mais carentes, já despertaram para a necessidade de dar educação a seus filhos. Cerca de 90% das crianças de cada geração entram nas escolas que lhes oferecem. Nelas passam em média mais de oito anos, porém, só concluem com êxito cinco séries. Assim, a maioria delas sai da escola sem o domínio da leitura.

(...) Esse mecanismo de exclusão funciona com base na pedagogia fútil e inútil que prevalece no Brasil, segundo a qual a criança pobre é culpada de seu fracasso escolar, porque não chega à escola com o nível de preparação mínimo necessário para a alfabetização. Essa carência, verificada objetivamente na primeira hora, através do exame de prontidão, separa os novos alunos em dois grupos. Uma minoria de crianças, que, a rigor, nem precisariam de escola, as quais, com um pequeno esforço, vão adiante nos estudos, e a imensa maioria dos que, não estando "prontos", são ilhados e tratados como caso perdido. Ao fim do ano, todas elas são submetidas a exames. Aquela minoria passa à segunda série, a maioria, reprovada, fica na primeira série, para repetir uma vez e outra vez, e até uma terceira e quarta vez o mesmo tratamento dedicado aos alunos novos.

(...) A utilidade desse mecanismo é provar para as classes mais pobres, que elas são pobres porque incapazes, uma vez que lhes são dadas oportunidades de educação para progredir na vida, através da larga porta da escola pública universal e gratuita. Tudo se fez para induzir no povo a idéia de que ele é que fracassa. Para tornar o argumento mais convincente, apontam-se casos excepcionais de crianças que, por sua alta capacidade de aprender, enfrenta, todos esses obstáculos e os vencem.

(...) Três carências essenciais da escola brasileira, com respeito a seu alunado majoritário, ressaltam entre todas: a de espaço, a de tempo e a de capacitação do magistério. Espaço, para que as atividades escolares se exerçam também fora da sala de aula, concebendo a educação com uma atenção global ao desenvolvimento físico e cultural da criança. Tempo, para que cada aluno possa ter aquela atenção específica e aquela convivência continuada, que o habilite a compreender a fala de norma culta da professora, tão diferente da que ele aprendeu em casa, e para que compreenda as exigências do aprendizado escolar, tão diferentes, elas também, das formas habituais de transmissão oral da cultura, a que eles estão habituados.

    A rede educacional brasileira, forçada a ampliar enormemente suas matrículas para atender ao crescimento vertiginoso das populações urbanas – que, nas últimas décadas, saltaram de menos de trinta para mais de setenta por cento da população – em lugar de multiplicar o número de escolas, a desdobrou em turnos – dois, quatro e até cinco, diariamente – mesmo no estado de São Paulo. Isto implicou em dar uma atenção cada vez mais reduzida a seus alunos, até o ponto em que só pode progredir nos estudos quem tenha em casa uma outra escola.

    Essa drástica redução do atendimento escolar foi especialmente danosa para a imensa população recém-urbanizada, vinda de zonas rurais, onde se integrava numa cultura arcaica aletrada. Mais grave ainda é a situação daqueles oriundos de famílias negras, empenhadas na dura luta para transitar da condição de escravos a condição de cidadãos. Para uns e outros, a integração na cidade como parte da população de cultura citadina letrada passava, necessariamente, por sua escolarização. Encontrando, porém, a escola praticamente fechada a seus filhos, esse contigente foi engrossar a massa imensa de cultura urbana popular iletrada. Apesar de analfabeta, ela revela, muitas vezes, uma criatividade cultural extraordinária, como se vê em tantos ramos da cultura popular. Mas se vê condenada a exercê-la no nível iletrado, arrastando o povo brasileiro, de que é maioria, para o atraso e a pobreza.

(...) Não menos grave é a situação do ensino superior. Costumo dizer que, na maioria das nossas faculdades, o professor simula ensinar e o estudante faz de conta que aprende. Assim é efetivamente. Qualquer curso estrangeiro, por correspondência, é melhor que aquele que se dá em algumas escolas particulares brasileiras. Naqueles cursos, não se proporciona ao aluno os materiais necessários para estudar, mas se cobra dele o aprendizado, através de exames de verificação. Em muitas de nossas escolas se estabeleceu uma prática de conivência, em que pouco ou nada se ensina e nada se cobra do aluno, como prova de aprendizado.

(...) Na esfera da educação infantil, em lugar de expressar meros desejos de ampliação fictícia do atendimento, a níveis que nenhuma nação alcançou, propomos diversas linhas de ação pré-escolar, que possibilitem atender, em prazo previsível, a todas as crianças em suas carências fundamentais de saúde e de nutrição.

No campo do ensino fundamental, propomos uma escola de cinco séries, com ano letivo de 200 dias e um mínimo de 800 horas. Uma escola de caráter terminal, no sentido de constituir aquela preparação básica de toda a população para a cidadania responsável, para o trabalho e para o pleno desenvolvimento da personalidade. Estabelece, ainda, a meta da escolarização progressiva em tempo integral, para dar aos alunos das camadas carentes as condições espaciais e diferenças quanto ao universo letrado, com que chegam à escola, já que tiveram menos convivência com as formas da língua escrita, para si mesmo e todo o Brasil.

(...) A nova Lei abre, também, aos sistemas estaduais de educação a perspectiva de adotar a progressão contínua, impropriamente chamada de promoção automática. O que se faculta é deixar que o aluno passe da primeira para a segunda e até para a terceira série, ainda se alfabetizando, para que ele possa aproveitar todo o ensino oral e visual daquelas séries. Essa progressão significa, em essência, que ele não fica repetindo o mesmo tipo de aprendizado sempre na mesma primeira série, enquanto vê outras crianças se adiantarem. Significa também que ele vai receber mais atenção à sua alfabetização no segundo ano de repetência e tripla atenção no terceiro, porque apresenta problemas que devem ser atendidos especificamente.

(...) No ensino superior, voltar-se a dar a indispensável precedência aos professores na eleição dos reitores e decanos. Possibilita-se a criação de universidades especializadas por área (saúde, ciências agrárias, engenharias etc.). Fixam-se também bases para o cumprimento da obrigação constitucional de concurso para o exercício do magistério superior. Estatuem-se as medidas inadiáveis para dar maior eficácia ao trabalho docente e para elevar o padrão de qualidade das universidades e demais instituições de ensino superior.

A inovação principal, porém, é a criação de cursos de seqüência que abrirão à universidade a possibilidade de formar as centenas de profissionais que o mundo moderno requer, livrando-se do sistema tubular dos cursos curriculares." ("Discurso proferido em 20 de maio de 1992 no Senado Federal" in *A Lei da Educação*, pág. 20-22).

DARCY E A LITERATURA

A experiência etnológica de Darcy, seu contato com os povos indígenas foi o primeiro tema que ele usou para desenvolver sua vontade de escrever romances.

Darcy dizia que o romance *Maíra* lhe veio à cabeça quando estava escrevendo a sua série de *Estudos da Antropologia da Civilização*, ainda no Uruguai, em meados da década de 60. O romance foi reescrito mais umas duas ou três vezes, até que, ao se descobrir com câncer, deu conclusão a esta obra e a publicou em 1976.

O enredo principal de *Maíra* se baseia na história verdadeira de um índio Bororo que fora educado, na década de 20, pela missão religiosa dos padres Salestianos. Esse índio fora levado a Roma para ser apresentado ao Papa e exibido como exemplo de uma conversão bem sucedida de um índio brasileiro, fato extremamente raro desde o tempo de Nóbrega e Anchieta. No entanto, ao voltar para visitar seu povo, o Bororo se deu conta de sua condição étnica, renegou de imediato todo seu aprendizado religioso e civilizacional e voltou a ser índio. Tanto no caso verdadeiro quanto no ficcional essa readaptação se faz dolorosa e complicada, tanto para o índio quanto para sua sociedade.

Já a figura feminina, Alma, é obra de ficção de Darcy, uma mulher moderna, liberada, como se dizia na década de 70, após anos de psicanálise, que carrega em si a angústia de uma civilização dominadora e machista, bem como as culpas de uma sociedade violenta e desigual. Relacionando-se com um índio Mairum, ela engravida e dá à luz a gêmeos, como se fora a nova encarnação do mito tupi onde uma índia engravida de Maíra e do Gambá e dá à luz aos gêmeos que irão desencadear o processo de criação da cultura indígena.

Escrita na terceira pessoa, a história descreve, analisa e faz os personagens agir. O drama se desenvolve em tempos presentes e passa pelas cidades, pelo ambiente político repressor da ditadura militar, vai para as bordas da civilização, onde a violência antiindígena é palpável, e penetra fundo no mundo do índio. Esse romance foi traduzido para as principais línguas européias, além do japonês e hebraico. Em 1996, uma editora alemã publicou uma edição comemorativa com ensaios de diversos escritores, críticos literários e cientistas sociais, numa prova da sua importância para a literatura mundial.

No trecho que se segue estão resumidos alguns dos principais protagonistas do romance indianista de Darcy. Alma, a brasileira que sai à procura de um destino, Isaías, o índio que volta à sua aldeia e ao seu povo depois de anos de viver entre os civilizados, o próprio povo Mairum, na sua alegria de viver. Isaías se sente deslocado e quer se readaptar por meio de uma interferência sobre a economia indígena. Alma, desejosa de paz e harmonia, e premonitória do que aconteceria com tantas experiências que se fizeram com os índios, não quer que nada acontece para mudar os índios.

"O primeiro presente o Avá recebe de Jaguar: um maço de flechas de lâminas de taquara e um arco negro, enorme, primoroso. Isaías sorri, sopesa o arco e agradece dizendo a Jaguar que, agora, caça mais como espingarda, perdeu o hábito de atirar flechas. Retribui o agrado dando ao sobrinho seu relógio de bolso com a corrente, que Jaguar dependura, contente, no pescoço.

Na tarde do dia seguinte o Avá sai com Jaguar para uma longa pescaria de dois dias pelo Iparanã, seus furos e lagoas. Ajeita-se com gosto na ubá, pensando: águas minhas que me lavarão! estão encantados um com o outro. O sobrinho com o tio rolamundo, estranho, pequeno, débil, mas senhor da palavra e capaz de falar de todas as coisas. O tio com vigor jovem, formidável, do sobrinho que certamente assumirá o tuxauato, quando os Mairuns reconhecerem, afinal, que ele não dá mesmo para mandos guerreiros.

Navegam rio-acima, rio-abaixo e pelas lagoas em grandes voltas. Acampam, duas vezes, sempre pescando e falando. Isaías compensa sua inabilidade, contando casos e casos que Jaguar ouve encantado. Mas faz o tio calar quando é necessário para não perder a fisgada dum dourado.

Pescam muitos peixes, mas Jaguar não quer voltar à aldeia sem dois pirarucus. Seria vergonhoso. Afinal, na manhã do terceiro dia, conseguem pescar o segundo fisgando no arpão. Com eles voltaram à aldeia, Isaías, arqueado ao peso do pirarucu, ouve os cumprimentos de todos que olham admirados e saúdam como se ele o tivesse pescado. Dói ao Avá saber que ninguém tem dúvida de que o pirarucu é de Jaguar.

Na aldeia ele comenta com Alma as dificuldades que enfrenta. É visível que não corresponde à expectativa dos Mairuns. Explica que tudo é mais grave, no seu caso, por ser ele do clã jaguar, que dá os tuxauas. É o clã que exige e exibe força e eficiência. Se não fosse assim, se ele fosse do clã dos carcarás, por exemplo, com vocação de aroe, bem podia ser um homem recatado, quieto. Mesmo se fosse do clã tão detestado dos quatis, ninguém se preocuparia com suas ineficiências físicas. Imaginariam que as inabilidades, se haviam, se compensavam, porque nele estaria se formando um futuro oxim, um pajé-sacaca, um feiticeiro. Mas para um jaguar é diferente. Um jaguar tem que ser um chefe. Levará muito tempo para que desistam disso. Ele sente como os olhos se põem nele, perplexos, espantados. Adivinha que estão todos desejando uma espécie de milagre, uma eclosão, que faça sair de dentro das suas poucas carnes, de dentro do seu corpo esquálido um outro ser: um onção vigoroso, maduro, respeitável, sábio. O chefe que esperam: o tuxauareté.

Saem, dias depois, para caçar. Agora o Avá e Jaguar vão acompanhados de Teró e Maxi. Apesar de armado com a carabina automática 22, que Bob emprestou, o Avá não faz bom papel. A Carabina sempre serve para que Teró, depois Jaguar, depois Maxi se divirtam dando rajadas. Mas toda a caça eles conseguem com flechadas silenciosas.

Depois deste segundo insucesso, Isaías recusa todos os convites para caçar ou pescar, embora tenha vontade de voltar a viver aqueles primeiros dias que passou com Jaguar, sozinhos os dois, falando. Aliás, falando ele da sua experiência, aos ouvidos a quem mais queria falar, era como se Jaguar estivesse ali para beber suas palavras, a fim de não repetir, jamais, nem permitir que se repetissem as loucuras que cometeu. As opções erradas em que se enveredou.

Isaías passa desde estão, a falar mais com Alma do que com os Mairuns. Nessas conversas, vai desenvolvendo seu grande projeto. Fala horas e horas da imensidade da roça que abrirá em certo local que mostra a ela:

Uma ponta de mata ao lado da Lagoa Negra com uma terra preta feericamente fértil – diz Isaías. – Mas não quero saber de nenhuma roça mairum, com as plantas todas misturadas, crescendo como se fosse no mato. Sua roça será bem arrumada. Com tabuleiros só de milho, outros só de feijão ou amendoim para crescerem em ordem e para facilitar as grandes colheitas. A produção, vendida, permitirá comprar muitas coisas que serão distribuídas entre os que mais colaborarem.

O melhor do plano é a idéia inovadora de utilizar o élan desportivo e cerimonial dos Mairuns, convertendo-o em força produtiva. Para isso dividirá a roça em metades, a azul e a vermelha, tal qual se faz com a aldeia no verão, para as grandes lutas de corpo-a-corpo e para as disputas com as lanças javari. Essa divisão esportiva da metade norte e da metade sul, não levando em conta as bandas matrimoniais nem os clãs, permite reunir os maridos e as mulheres, onde estiverem vivendo, nos mesmos grupos de torcida. A idéia é canalizar para a produção o entusiasmo esportivo. Os Mairuns, explica, aplicam todo o vigor físico e intelectual – que poderiam colocar nos esforços por progredir – na superelaboração de sua etiqueta social, cerimonial e esportiva. Trata-se, agora, diz ele, de induzi-los a deslocar essas forças motivadoras para o setor econômico, a fim de promover o desenvolvimento. Ninguém imagina o que um Mairum pode fazer para atender um preceito ritual, ou para sepultar com honra um velho chefe, salienta. O que eles não sabem é entrar no jogo da vida real, prática, com o mesmo vigor. Nisto têm o seu papel certas crenças religiosas, como a concepção de um céu acessível a todos depois da morte e a ilusão de uma Terra sem Males que estaria à espera dos desesperados, como um caminho sempre possível.

Alma pondera para si mesma que Isaías está é querendo complicar as coisas:

– Pra mim esses Mairuns, já fizeram a revolução-em-liberdade. Não há ricos, nem pobres; quando a natureza está sovina, todos emagrecem: quando está dadivosa, todos engordam. Ninguém explora ninguém. Ninguém manda em ninguém. Não tem preço essa liberdade de trabalhar ou folgar ao gosto de cada um. Depois, a vida é variada, ninguém é burro, nem metido à besta. Pra mim, a Terra sem Males está aqui mesmo, agora. Nem brigar eles brigam. Só homem e mulher na fúria momentânea das ciumeiras. Deixa essa gente em paz, Isaías. Não complique as coisas, rapaz." ("As minhas águas" in *Maíra*, págs. 265-268).

O Mulo

O tema deste livro é a classe senhorial de Minas Gerais, que aqui atua como paradigma da classe senhorial brasileira. O protagonista principal desse romance é um mineiro pobre, que se fez grande e poderoso por força de sua vontade e ousadia. Sentindo o fim da vida e sem ter filhos, ele se vê forçado a deixar sua herança para alguém, e escolhe, por motivos nunca esclarecidos, o padre da cidade. Aqui ele reflete sobre como a vida humana se apresenta na ordem da sobrevivência social.

O livro foi escrito na primeira pessoa, em forma de um testamento que o protagonista vai escrevendo sobre a sua vida e os seus pensamentos. Ele fala das mulheres com quem conviveu e desejou, dos homens que matou, dos poucos amigos que conseguiu fazer, dos seus empregados e agregados, e sobretudo de sua saga pessoal em que vai enriquecendo pela sagacidade e pela audácia sem peias. Os capítulos são curtos, abordando um assunto por vez, e a linguagem advém de uma matriz genérica do barroco rural mineiro. Claramente Darcy era influenciado por Guimarães Rosa e pelo sentido épico, sem, no entanto, conseguir o brilho e a criatividade lingüística daquele grande escritor.

"Esse mundo é variado, seu padre. Há o café e a borra. Há o caldo e o bagaço. Há quem manda e quem é mandado. Esse é o mundo da fábrica de Deus. Vou eu refazer? Quem sou eu? O meu é meu. O alheio não sei: será ou não. Assim pensamos nós, mandantes, assim agimos. No dele está ele e o que ele tem: família, coisas. Quem tem juízo se aprecata, fica segurando o que tem como eu aqui, cuidadoso. Nesse mundo, ou se é dador ou tomador. Dador que adula já deu e mais vai dar. O tomador só abre a mão e recebe o que já é dele.

Nunca jamais fui dador. Desapropriado fui, para minha vergonha. Afinal, o prejuízo não foi nenhum para quem partiu do nada e tomou o bom pedaço desse mundo que é meu. Mas como dói. Até hoje não me consolo da dor e da vergonha de me dobrar a uma vontade mais forte que a minha. Vontade que eu não podia quebrar, nem comprar, nem subornar. Vontade que topou com a minha, me desapropriou, e me fez recuar para não perder ainda mais.

Quem pode o quê contra estrangeiro paulista que vem de longe, avoando no avião dele, ver, sem pousar, a terra que escolhe pra furtar? Basta ele ver e querer para aquele pedaço ser dele. Para isso tem a máquina das brasílias todas subornando, arrolando, violentando. Que é que eu podia fazer? Matei um, mas me guardei, arrepiei carreira, não sou de ferro, nem sou besta. Me amofinei, pus o rabo entre as pernas, aceitei perder o Vão, o melhor pedaço do mundo, o mais bonito, o mais eu. Coberto de mata virgem virgentíssima, desvirginado com o fogo meu. Ninguém viu antes de mim aquela mata florestal verde-cinza do princípio do mundo. Saiu da mão de Deus para queimar no meu fogaréu. Só viram o capinzal cheio de seiva, substituindo a vida florestal mais enorme que jamais houve. Viram e furtaram.

Esses meus, nossos, Laranjos, é que me consolam da perda do Vão. São terras boas demais que herdei de gerações e gerações de diferentes gentes. Primeiro, os bandeirantes garimpadores de ouro com sua escravaria negra. Depois os padres, que ocuparam a tapera para recolher índios amansados. Depois ainda, as gerações que receberam essas terras, quando os padres foram escorraçados, e aqui viveram e morreram gastando gente para abrir pastos. Tudo para que um dia eu, e no dia seguinte o senhor, nos fizéssemos donos, senhores, na possança do poderio fazendeiro. Segure com as duas mãos esse mundão que dou ao senhor, seu padre; se fosse para dissipar ou perder nem valia a pena dar. O senhor será frouxo?" (op. cit., pág. 24-25)

DARCY E A POLÍTICA

Darcy nunca foi propriamente um teórico da política. Porém, a reconhecia como uma atividade de profissionais com defeitos e qualidades semelhantes aos de outras profissões. Além do que escreveu nos seus livros sobre o Brasil e a América Latina, que abordam temas políticos, analisou diversas figuras importantes com que conviveu. Por ter exercido cargos políticos e administrativos, sabia os caminhos a evitar para ser fiel a seus princípios.

João Goulart

Darcy se imbuiu da possibilidade de alcançar uma posição relevante na política nacional quando o presidente João Goulart o convidou para ser seu ministro-chefe da Casa Civil, em novembro de 1963, depois do estrondoso sucesso da volta do regime presidencialista obtido num plebiscito nacional.

Naquela época, Darcy era ministro da Educação no gabinete de Hermes Lima, com quem despachava, mas estava em pleno relacionamento social e político com Jango. Após o golpe de abril de 1964, Darcy e Jango foram morar em Montevidéu, onde se reuniam semanalmente na esperança baldada de retornarem ao país em breve espaço de tempo.

Esse texto foi escrito quando Darcy estava no Peru, em 1974, trabalhando na reorganização do sistema educacional do país. Glauber Rocha, o genial diretor de cinema brasileiro, visitara Darcy em Lima e após esse contato voltara ao Brasil apregoando que Darcy e Golbery (o então mentor intelectual do regime militar) eram os gênios da raça brasileira. Época de renhida disputa entre as esquerdas brasileiras!

"Glauber, meu irmão:

Você me pede que escreva sobre um tema tão amplo e complicado que nem com todos os meus livros consegui ou tentei abarcá-lo. Pede, nada menos, que eu entre na alma do Jango pra interpretar seus desígnios passados e futuros, para avaliar suas convicções e para captar sua visão do mundo. Imagine se alguém pedisse a um amigo que desse de você, Glauber, um retrato-diagnóstico desta natureza. Ou imagine simplesmente que você se propusesse a traçar seu próprio perfil, com aquelas ambições. Não acha que seria impossível?

O máximo que se pode alcançar neste plano de prospecções biográficas são visões – mais ou menos informadas – de como as pessoas atuam em certas circunstâncias.

Quanto ao Jango, a primeira observação seria a de uma aparente dualidade entre o que ele é, pela vida que se construiu de fazendeiro-invernista bem sucedido e rico, e seu desempenho de político reformista. Mas a simples suposição dessa dualidade traz implícita a idéia de que as personalidades são entidades inteiriças e coerentes, o que é muito duvidoso. Mais verdadeira é talvez a observação de que os homens atuam na vida social, e particularmente na arena política, muito mais de acordo com as circunstâncias que se apresentam – as conjunturas, como ele diz – do que com o ideário que acaso tenham. Todos nós estamos permanentemente nos representando a nós mesmos, representando para platéias indiferentes ou coniventes, que tanto nos coagem com suas expectativas que interiorizamos como se projetam em nós.

(...) Para que tanta confusão? O que quero dizer é tão-somente que um homem não exprime, no poder, a sua ideologia pessoal, mas a conjuntura política com que ascendeu. É claro que deve haver certa compatibilidade entre o papel representado e a personalidade que o encarna. Mas, via de regra, as personalidades são suficientemente flexíveis para se acomodarem aos papéis que ordinariamente são chamados a viver.

(...) Para que você me compreenda, darei um exemplo. Em 1962, JK me pediu que fizesse para ele um plano de governo com vistas à campanha eleitoral de 1965, dizendo que escolhia a mim por minhas idéias e que desejava o plano mais avançado de reformas estruturais, a começar por uma reforma agrária. Que significa isso? Parece compatível com o JK que conhecemos – flor da politicagem profissional brasileira – a imagem de um reformador radical? Pois esse era o papel que ele se supunha chamado a representar. Isso porque, naquela conjuntura, aparentemente só uma política reformista lhe prometia o aspirado acesso ao poder. Era o mundo dos três JJJ (Jango, João XXIII e John Kennedy) que se queria passar a limpo. Parecia.

Jango, com o carro do governo sob seu comando, não só estava sujeito às mesmas expectativas e pressões como talvez também estivesse mais capacitado a atendê-las, apesar de suas idéias e até de seus interesses pessoais e classistas. É certo que duvidou muito em encarnar o papel, mesmo porque, no caso dele, não se tratava de fazer discursos reformistas que granjeassem mais votos, mas sim de manter-se e consolidar-se no poder que a exercia, recuperando as atribuições que o golpe parlamentarista lhe havia usurpado. Lembro-me que estava ao seu lado quando, depois da maior vitória eleitoral jamais alcançada no Brasil – 10 milhões de votos contra um milhão, no plebiscito –, ele insistia em dividir com o PSD o poder que o povo lhe outorgara, dizendo: 'Esta coroa eu não ponho na minha cabeça.' Atrás dessa frase, o que havia era o temor de comandar a execução das reformas de base com os olhos nas quais o povo votou contra o parlamentarismo. Em outros casos, como, por exemplo, a regulamentação da lei referente ao capital estrangeiro, ele tardou um ano em decidir-se a implementá-la; o projeto da Reforma Agrária só chegou a ser efetivamente formulado no dia 15 de março de 1964, na Mensagem Presidencial daquele ano.

(...) Você pergunta se Jango teria um projeto para o Brasil. Eu diria que sim, porque às forças políticas nas quais ele se sustentava correspondiam aspirações que ele expressava, gostasse ou não, como pré-requisito para manter-se e consolidar-se no poder. Essas aspirações (reforma agrária, contenção da exploração estrangeira, direito de greve, liberdade sindical, expansão da educação popular etc.) tiveram naqueles anos livre curso para manifestar-se de mil modos.

A vigência dessas liberdades deu lugar a milhares de greves nas cidades, à criação de milhares de ligas camponesas e de sindicatos rurais no campo e a uma pregação político-ideológica sem paralelo em nossa história. Lamentavelmente, só serviram para atiçar o velho inimigo, sem capacidade para contê-lo e menos ainda de liquidá-lo. O resultado foi o golpe contra-revolucionário para impedir uma revolução que não chegou a desencadear-se e a imposição de uma ditadura militar que consolidou os interesses das minorias privilegiadas (manutenção do latifúndio, submissão ao capital estrangeiro, arrocho salarial, erradicação de todo pensamento libertário etc.).

(...) O silêncio que se seguiu não significa que os operários, os camponeses e os quadros políticos foram ganhos pela ditadura militar. Significa tão-somente que, na conjuntura que se criou, não têm meios de se expressar e que estão sendo comprimidos como uma mola pronta a saltar amanhã.

(...) Tudo isso significa que Jango não foi o protagonista nem a vítima. O ator e o mártir foi o povo, que perdeu uma rara oportunidade de libertação no seu esforço secular para romper com a rede constritora que o fez crescer deformado. Os derrotados fomos todos nós, como uma esquerda que não estava à altura do desafio histórico que enfrentava e que ainda hoje não o está porque continua dividida, perplexa, incapaz de formular um projeto de revolução que, infundindo confiança, nos permita operar no futuro como vanguarda de uma massa real e existente que é, afinal, quem fará a revolução necessária.

(...) Não sei que imagem se terá, no futuro, de meu amigo Jango. Aventuro-me, porém, a predizer que será mais generosa do que esta que se difundiu depois do golpe. Afinal, seu governo não caiu por seus defeitos. Foi derrubado por suas qualidades." ("Meu amigo Jango", in *Sobre o óbvio*, págs. 193-201).

Salvador Allende

Entre todos os políticos com quem Darcy conviveu, sua admiração maior vai para Salvador Allende. Nesse trecho ele explica algumas razões para isso. Por mais que acreditasse que só uma revolução pudesse consertar a América Latina, Darcy queria mesmo é que as mudanças se dessem pela reforma, com o acordo negociado entre as partes e com a ascensão da classe trabalhadora. Essa mudança não chegou a se realizar no Chile e o motivo foi a incapacidade das esquerdas de entender o momento histórico que se vivia e se unir em torno de Allende. Darcy iria sofrer iguais agruras na volta ao Brasil, especialmente nas disputas entre seu partido, Partido Democrático Trabalhista, o PDT, e o Partido dos Trabalhadores, PT.

"Escrevo sobre um bravo homem. Um herói-mártir a mais que a história nos brinda, quando o que quiséramos era tê-lo conosco nas lutas para conquistar a condição de povos autônomos que existam para si mesmos e vivam segundo seu próprio projeto.

Escrevo sobre um estadista. O mais lúcido com quem convivi e o mais combativo. Um estadista que deixa como legado para nossa reflexão a experiência revolucionária mais generosa e avançada do nosso tempo: edificar o socialismo em democracia, pluralismo e liberdade.

Escrevo sobre a morte de um amigo queridíssimo que amava a vida, mas sabia e sentia que só vale a pena vivê-la com dignidade, e se ela for dedicada a uma causa socialmente generosa.

Escrevo de fato para meditar sobre este último e assombroso episódio da história latino-americana: o assassinato de um Presidente no auge de seu prestígio popular, ainda que também sob a mais extremada odiosidade dos privilegiados.

(...) Conheci Salvador Allende em 1964, quando ele nos foi visitar, a João Goulart e a seus ex-ministros, exilados no Uruguai. Sempre me recordei das longas conversas que tivemos então. Recordo, sobretudo, o deslumbramento com que ouvi – eu era, então, um provinciano brasileiro, que só depois aprenderia a ser latino-americano – a lucidez e a paixão com que ele analisava e avaliava nosso fracasso.

(...) Allende, por um acidente da história, teve que viver um destino pioneiro, quando foi chamado a conceber e a concretizar a segunda via ao socialismo. Aquela que deveria ter ocorrido na França ou na Itália com seus enormes, frouxos e coniventes partidos de esquerda, mas que se abria no Chile do cobre cativo, dentro desta América Latina subjugada.

Para esta gigantesca tarefa político-ideológica, Allende estava só. Para uns, os ortodoxos, a via chilena era uma espécie de armadilha da história que punha em risco conquistas e seguranças duramente conquistadas em décadas de lutas. Apesar disso, foram eles os que melhor compreenderam o processo em sua especificidade e os que mais ajudaram, tanto a realizar suas potencialidades como a reconhecer suas limitações. Mas isto é dizer muito pouco ainda quando, na realidade, os comunistas chilenos foram o único apoio sólido e seguro com que Allende contou em seus três anos de luta.

Para outros, os desvairados, não existia nenhuma via chilena. Na cegueira de seus olhos cegados por esquemas formalistas e no sectarismo de sua disposição unívoca para um voluntarismo, tão heróico quanto ineficaz, eles só queriam converter o Chile em Cuba, concebida como o único modelo possível de ação revolucionária. Além de visivelmente inaplicável às circunstâncias chilenas, o modelo que tinham em mente não era mais que uma má leitura teórica da experiência cubana. E, como tal, inaplicável em qualquer parte, porque só via nela a ação armada, fechando os olhos à complexa conjuntura política dentro da qual a ação guerrilheira teve ali, e só ali, lugar e eficácia.

Alienados por essa visão paranóica, negaram, de fato, seu concurso ao processo que Allende comandava e criaram seus primeiros problemas internos. A certa altura, em sua sofreguidão por atuar a qualquer custo aprofundando o processo, converteram-se em provocadores. Tendo uma linha de ação mais etnológica que política, fizeram-se eficazes agitadores dos reclamos seculares dos indígenas Mapuche, conduzindo-os a invasões antes que a reforma agrária em curso atendesse as suas reivindicações. Mais tarde, com a mesma postura alucinada, passaram a agitar áreas de atrito com a legalidade, cuja defesa era a própria condição de levar adiante, com êxito, o processo chileno, numa conjuntura de dualidade poder.

Sua alucinação, comum a tantos grupos ultristas de toda parte, só é comparável à alienação religiosa de que falam os clássicos. Assim como esta impede de ver o mundo real porque só tem olhos para ver demônios e santos em ação sobre os homens, o desvario ultrista é também uma alienação que impossibilita ver a realidade porque interpõe, entre ela e o observador, dogmas e esquemas chamados marxistas, mas que desesperariam Marx.

Os socialistas, membros de um partido eleitoreiro, viviam do antigo, renovado e crescente prestígio popular de Allende, mas, vazios de uma ideologia própria, passaram a funcionar como uma caixa de ressonância dos desvairados, criando com o seu radicalismo verbal e sua inflexibilidade tática os maiores obstáculos à política do governo. De fato, a maioria de suas facções atuou mais contra Allende – através de denúncias despropositadas, de exigências infantis e de propostas provocativas – que contra o inimigo, jamais reconhecendo o caráter gradualista do processo chileno ou ajustando-se a seus requisitos específicos. Entregues a disputas estéreis com os comunistas, os socialistas punham nelas mais energias que na luta concreta contra o inimigo comum.

Ultristas e socialistas pareciam mancomunados para negar, por sectarismo e cegueira, a Allende, a flexibilidade tática que houvera aberto os horizontes de ação política indispensáveis para fazer frente à contra-revolução e à sedição militar. Assim, suas ações, em lugar de frear uma escalada que só servia ao inimigo desesperado, forçava sua intensificação nas áreas e nos setores mais inadequados. Facilitavam desse modo a atividade contra-revolucionária que progredia em todos os campos, e a sedição militar que Allende buscava frustrar com o apoio dos oficiais fiéis à ordem constitucional.

O mais doloroso da minha experiência chilena foi ver a solidão de Allende. Onde estavam entre tantos teóricos, os efetivamente capazes de ajudá-lo a definir os requisitos específicos de concretização da via chilena? Onde estavam, entre marxólogos e politicólogos, tão falantes, os de fato capacitados para diagnosticar os problemas concretos e formular soluções praticáveis? Onde, entre tantos esquerdistas facciosos, os quadros indispensáveis para levar à prática, nas bases, as palavras de ordem de Allende?

(...) Com Che Guevara, a história nos deu o herói-mártir do voluntarismo revolucionário que dignificou a imagem desgastada das lideranças da velha esquerda ortodoxa. Com Allende, a história nos dá o estadista combatente que chega à morte lutando, em seu esforço por abrir aos homens uma nova porta para o futuro, um acesso ao socialismo libertário que pode e que deve ser." ("Salvador Allende e a esquerda desvairada", in *Sobre o Óbvio*, págs. 175-191).

Cuba

Esse artigo sobre Cuba demonstra a enorme admiração que Darcy tinha por Cuba e por Fidel Castro. O desafio dessa ilha aos Estados Unidos era motivo do incontível orgulho latino-americanista de Darcy. Pena que Cuba não fosse o Brasil, nem o todo da América Latina, como bem Darcy analisa aqui e adverte aos seus amigos de esquerda.

"Estive em Cuba em maio de 1989, para as comemorações do 30° aniversário da Revolução Cubana. Ali fui condecorado com um grupo de intelectuais por Fidel Castro, com a medalha Haydée Santamaria. Vendo a Revolução Cubana como o acontecimento mais importante de toda a história política da América Latina, é de compreender como aquela homenagem me comoveu.

Creio que a mereci. Gosto muito de ser um dos intelectuais que se põem ao lado da Revolução Cubana, como a revolução de nossos povos, feita de lucidez, ousadia e garra. Indomável na resistência ao Império. Irrepetível em sua singularidade histórica, ela opera, desde que se desencadeou, como um motor de incitação de nossas lutas pela transformação social de nosso triste mundo latino-americano.

Cuba sozinha, sendo embora tantas vezes menor, vale mais, internacionalmente falando, que todos nós latino-americanos juntos. Vale no sentido de que existe mais peremptoriamente e de que representa um país mais relevante, altivo e ativo no quadro mundial, o que não ocorre com todo o imenso resto que somos nós todos.

(...) Falando do desalento que corre o mundo das esquerdas nesses começos da década de 90, acentuei que não é a esquerda latino-americana que está desalentada, desanimada; é a esquerda mundial que está acovardada. Andando pelo mundo a falar destas coisas, encontro demasiado desânimo e a falta de algo em que acreditar, até em gente jovem. Sendo como sou um homem de esquerda, me dói este sentimento desesperançado que encontro aonde quer que vá.

Por exemplo, quando o PCI pede a adesão ao PSI, considerando que na Itália existem dois milhões de comunistas e apenas duzentos mil socialistas, me pergunto se esta entrega é um enlouquecido Cavalo de Tróia contra socialistas italianos, ou é o quê? Um partido com a tradição do PCI não ter discurso próprio é uma coisa espantosa.

Na Espanha também esbarrei com a mediocridade das esquerdas entusiasmadas demais com o êxito econômico obtido graças ao ingresso no Mercado Comum Europeu.

Na França deparei até com ex-esquerdistas tão assustados com a carência de bens na terra que pedem ao Terceiro Mundo que desista de industrializar-se porque não há lugar para mais ninguém no círculo dos ricos. Tudo isso mostra que parcelas ponderáveis das esquerdas deram um passo para trás, avassaladas frente a uma direita agressiva, soberba e até insolente.

(...) Claro que isto também acontece na América Latina. A quantidade de gente que era de esquerda, que era pró-Cuba, e que hoje só busca e encontra formas de escapismo é de espantar. Sei que é muito lucrativo abandonar a posição cubana. Por exemplo: Mario Vargas Llosa nunca teve muito espaço na imprensa no Brasil quando falava com sua própria voz. Hoje, como porta-voz da direita, quando vai lá é um herói, com páginas inteiras nos grandes jornais e todo o Sistema Globo de Televisão a serviço de sua glória. Com se vê, a direita está organizada internacionalmente para enaltecer, para apoiar, para subornar intelectuais que a apoiam ou que tenham uma atitude ambígua. Mas castiga e condena, marginaliza os intelectuais que têm uma posição de esquerda e a pedra de toque é a postura frente à Revolução Cubana.

(...) Cuba tem a originalidade de que sua revolução é produto de um projeto revolucionário explícito, no qual se dá combate para tomar de assalto o poder com o propósito de transformar a sociedade. Sem Moncada não haveria Sierra Maestra, digo sempre. Moncada é a mãe de Sierra Maestra. Quem subiu a Sierra não foi qualquer um, foi Fidel Castro, o autor deste documento extraordinário que é "A História me Absolverá".

Com base numa leitura equivocada da Revolução Cubana, surgiu a ilusão de uma revolução heróica e rápida. Quem subisse a montanha com doze homens e resistisse lá durante uns dois anos conseguiria encontrar um túnel entre a serra e o poder. Muitos tentaram isso e não conseguiram.

A revolução Cubana é a mais complexa e original. Foi Cuba que primeiro conseguiu cristalizar o ideal revolucionário da América Latina. Todos nós quiséramos uma façanha como essa, e é claro que muitos tentaram repetir a via cubana. Hoje estamos em busca de uma compreensão mais profunda, sabendo que já não é possível repetir aquele feito, com o mero voluntarismo.

Entretanto, o que cumpre assinalar aqui é que esta revolução cubana é o que há de mais parecido com o ideal de um ato revolucionário autônomo e pleno, de uma vontade de intervenção intencional na história que gerou um processo irreversível de transformação socialista de uma sociedade. E precisa ter consciência e orgulho disto.

(...) Cuba tem uma juventude que é hoje a criatura mais nobre, melhor formada da América Latina. Foi criada na fidelidade à Revolução. Vi algumas situações em Cuba que certos educadores comentaram negativamente, alegando que a educação estava militarizada. Mas eu fiz um estudo comparativo do desempenho cubano e do brasileiro de 60 a 80, e vi que Cuba realizou cem vezes mais. Ou seja, um dos grandes feitos da Revolução Cubana é a façanha educacional. Aqui, eu vi como se alça rapazes, moças e crianças para o mundo da cultura letrada e para altos níveis de consciência crítica. Desta juventude cubana, a América Latina tem o direito de esperar que surjam algumas mentes, das mais claras. Mas uma mente clara, criativa, não pode ser criada na base do catecismo. É preciso a contradição. É preciso que se faça a contestação. É preciso não ter medo de pensar.

(...) Isto é ainda mais relevante, creio eu, porque o mundo necessita de Cuba. A América Latina precisa vitalmente, mas o mundo inteiro precisa de Cuba. Cuba é o Terceiro Mundo que deu certo. É a prova de que nossas sociedades são viáveis. Toda esta problemática está em debate na América Latina, mas é discutida de um ponto de vista predominantemente liberal, que nega os interesses do povo, não tem olhos para suas necessidades porque só valoriza o lucro.

Se existe uma Nação que superou isto, uma Nação que vejo como a vitrine da América Latina, é Cuba. Em Cuba ficou demonstrado que a América Latina é viável. Foi possível dar a todas as pessoas uma garantia de emprego e de realização pessoal pelo esforço próprio. Foi possível dar a todos a satisfação de comer todos os dias e até três vezes cada dia. Foi possível dar boa educação a todos. Com isto o que mudou foi a qualidade da população. E estas são, sabidamente, as bases indispensáveis para que floresça uma civilização." ("Sem medo de pensar Cuba", in *Testemunho*, 1990, págs. 159-167).

A privatização do Brasil

Nos últimos anos nada aborrecia mais a Darcy do que a influência do neoliberalismo sobre a economia nacional. Ele não compreendia que um mineiro como ele, o presidente Itamar Franco, fosse permitir a alienação da estatal que alavancou o Brasil para a industrialização, e morria de medo de que o mesmo se desse em relação à Companhia Vale do Rio Doce. E foi o que terminou acontecendo. Nesse artigo, Darcy demonstra o quanto a economia brasileira se desenvolveu por suas próprias pernas e sobre os esteios econômicos, sociais e culturais levantados pelas empresas criadas por governos nacionalistas, inclusive o militar. Darcy valoriza as empresas nacionais de tal forma que fica espantoso comparar com os preços que afinal cada uma delas recebeu nos leilões realizados pelo governo do presidente Fernando Henrique Cardoso.

"Nada houve de mais escandaloso na história econômica do Brasil que a privatização da Companhia Siderúrgica Nacional. Ela foi entregue, num leilão eivado de irregularidades, a um bando de banqueiros por um preço menor que o aço que tinha em estoque e as dívidas por receber. Criada juntamente com a Companhia Vale do Rio Doce, elas nos custaram uma guerra, pois a sua construção foi a condição imposta por Getúlio Vargas para o apoio do Brasil aos Aliados na Segunda Guerra Mundial.

Roosevelt cumpriu sua parte, fazendo construir a siderúrgica nos anos da guerra para que fosse inaugurada em 1945. Volta Redonda representou para o Brasil o papel de matriz da industrialização nacional. Assim o foi, apesar da espoliação que sofreu pelo espírito privatista dos que a regeram nos anos da ditadura militar, fazendo-a operar com preços negativos para servir à corrupção de revendedores de seus produtos e para subsidiar a indústria automobilística e a indústria naval.

A Vale, que devolveu ao Brasil o domínio do minério de ferro de Minas Gerais, controlado até então pelos ingleses, cresceu como a maior das empresas mundiais de seu ramo, com um patrimônio superior a 30 bilhões de dólares. Possui, hoje, dois sistemas completos e integrados de mineração-ferroviária-porto, o das jazidas do quadrilátero ferrífero de Minas Gerais e o do complexo de Carajás-Itaqui, que explora a maior jazida de minério de ferro do mundo. Tem, ainda, um sistema próprio de navegação, atua no setor de celulose, conta com uma empresa própria exclusivamente dedicada à pesquisa mineralógica. Participa, também, com outros grupos empresariais nacionais e estrangeiros, em diversas atividades minerais e industriais, destacando-se o manganês, o titânio, o ouro, a bauxita, a alumina e o alumínio. O valor de suas reservas minerais, que já estão sendo exploradas, é superior a 500 bilhões de dólares, seu volume total alcançará o dobro.

Os tecnocratas que ditam a política econômica estão assanhadíssimos, agora, para levar a cabo outra espoliação. Querem privatizar a Companhia Vale do Rio Doce, cujo capital já sofreu uma sangria através de uma manobra de conversão de debêntures em ações volantes que entregou ao setor privado 47% de seu capital. Com a venda de uns 10% mais, o aventureirismo privado dominaria a Vale, apropriando-se da empresa e de suas jazidas de minérios metálicos, cujo valor acerca-se a um trilhão de dólares.

O escândalo dessas dações pode ser medido por um simples balanço da renda que se auferiu das privatizações já realizadas. As operações de privatização da Companhia Siderúrgica Nacional, da Usiminas, da Mafersa, da Usipa e de outras empresas renderam nominalmente 5,2 bilhões de dólares, que custaram efetivamente aos arrematadores a insignificância de 62,4 milhões de dólares, ou 1,2% porque as pagaram em moedas podres.

Outra empresa cobiçadíssima é a Petrobrás. Ela custou ao Tesouro Nacional, 10 bilhões de dólares, dos quais 4 bilhões a ele reverteram. O volume reconhecido, hoje, do seu patrimônio é de 50 bilhões de dólares e o valor de suas reservas de petróleo e de gás é superior a 180 bilhões de dólares, que teríamos pago a mais pelo petróleo que consumimos nessas décadas.

A Eletrobrás, criada em 1954 para libertar o Brasil da infecundidade das empresas privadas, incapazes de gerar a energia requerida para o desenvolvimento do país, tem hoje o patrimônio reconhecido no valor de 100 bilhões de dólares e atende a 75% da população brasileira, com tarifas mais baixas do que a taxa mundial. Seu potencial energético cresceu mais de dez vezes desde que foi criada. Propala-se que os *Chicago boys* querem arrematá-la por 20% do seu valor, advertindo, eles próprios, que os arrematadores não assumirão nenhum compromisso de construir as novas hidrelétricas de que o país necessita. O Tesouro assumiria o encargo de construi-las, certamente para as entregar, depois, aos buscadores de lucros fáceis.

A Embratel, criada em 1962, foi reestruturada em 1972 para reger o monopólio nacional das telecomunicações. Seu patrimônio, compreendendo os órgãos centrais e as telefônicas dos Estados, é da ordem de 80 bilhões de dólares. O imenso valor de seu monopólio comercial é incalculável. Esse futuro da empresa, muito mais que suas instalações, é o que se quer desapropriar porque ele é tido como um dos maiores negócios que hoje se oferecem em todo o mundo.

O valor patrimonial das empresas citadas é superior a 250 bilhões de dólares e o valor de suas reservas minerais supera um trilhão de dólares. Esses números correspondem a dezenas de vezes mais que todas as inversões de capital estrangeiro no Brasil. Estes fatos demonstram numericamente o tamanho da espoliação que a política da privatização nos propõe. Se chegarem a realizá-la, terão cometido um crime de lesa-pátria, tanto ou mais grave que os dois outros crimes históricos de nossas elites infiéis. O crime de prorrogar a escravidão do Brasil por meio século a mais, depois dela se tornar obsoleta em todo o mundo. E o crime de condenar milhões de lavradores brasileiros a viverem vidas miseráveis e famélicas, por não se consentir nunca que se realizasse aqui a reforma agrária." ("O Furor Privatista", in *O Brasil como Problema*, págs. 73-76).

Problemas estruturais

Nos livros *As Américas e a Civilização* e *O Processo Civilizatório*, Darcy Ribeiro apresenta conceitos e idéias que procuram no passado pré-colombiano e colonial as explicações para os problemas atuais dos países latino-americanos.

As obras *O Dilema da América Latina* e *Os Brasileiros* são uma continuidade daquelas reflexões.

Em *O Dilema...*, Darcy mostra que a América Latina daquela época tinha duas opções: continuar dominada pelo novo colonialismo, imposto pelos Estados Unidos, e atolar-se no atraso, ou fazer uma revolução de cunho socialista que lhe permitisse entrar num processo de aceleração evolutiva à semelhança da Rússia e da China. Darcy analisa os fatores possíveis para essa "revolução necessária" acreditando numa aliança entre forças progressistas dessas nações, levando em conta os sinais que lhe parecem visíveis de uma queda inevitável da hegemonia norte-americana. O livro foi escrito como teoria expositiva de Ciências Sociais, mas com tal força de convicção que mais parece um chamamento político à ação. Tal sentimento não passou despercebido de seus leitores latino-americanos, e o livro teve um retumbante sucesso na década de 70.

Os Brasileiros segue o mesmo plano de exposição e argumentação. O Brasil é inserido na sua teoria de desenvolvimento das sociedades, depois analisando em sua formação étnica e social, para ser, ao final, desafiado a resolver seus problemas pela revolução necessária. Aqui são analisados em mais detalhes as condições anteriormente contrárias e agora as necessárias para o amadurecimento da revolução brasileira. Para Darcy, essas condições surgiram nos últimos anos em decorrência do desenvolvimento e ampliação de uma consciência crítica, em oposição à consciência ingênua que prevalecia anteriormente. Tais conceitos, de origem marxista, são emprestados do filósofo brasileiro Álvaro Vieira Pinto, cuja obra era muito admirada por Darcy.

O certo é que essas obras têm um caráter altamente político, apesar da intenção científica que Darcy lhes emprestava. Ele fez uso de todos os dados científicos existentes à época e estava convicto de que o caminho da revolução necessária era inevitável. A volta do exílio ao Brasil, as mudanças econômicas e culturais que surgiram desde os anos do regime militar, a diminuição brusca na taxa de crescimento populacional, a derrocada da União Soviética e a revalorização da democracia como o melhor sistema político, mesmo com tudo que aceitava de manipulações, iria refrear o ímpeto revolucionário de Darcy, sem, no entanto, estancá-lo de todo. Sua convicção maior a esse respeito era de que não eram as forças progressistas que recusavam o diálogo e a convivência negociada, mas as forças conservadoras que não se dignavam a perder nada dos seus velhos privilégios. Como, então, operar mudanças, a não ser pela força revolucionária?

Eis aqui, com mais de vinte anos de antecedência, a análise do problema da marginalidade estrutural que afeta países como o Brasil. Partindo de uma discussão que remonta às análises econômicas de Marx, Darcy decompõe o problema do ponto de vista das nações colonizadas e demonstra que o desemprego que aqui se observa não é produto de ondas de crescimento e recessão da economia; ele mostra que existem fatores políticos e culturais que estão por baixo da determinação econômica. Vale a pena ler esse trecho até para observar como essa análise pode ser pertinente para os países desenvolvidos de hoje em dia.

"Conforme verificamos anteriormente, as massas marginalizadas não são reservas de mão-de-obra. São excedentes da força de trabalho que o sistema produtivo modernizado não consegue incorporar. Nesse sentido, não são desempregados, porque não são empregáveis. Entretanto, não conseguem subsistir, ainda que precariamente, por seus próprios meios, isto indica que alcançam certa interação econômica com o sistema. Sua verdadeira condição social é, portanto, a de componentes estruturais e até majoritários da sociedade, oriundos de formas arcaizadas de vida que o novo sistema produtivo não é capaz de absorver.

Vistos sob o prima dos integrados no sistema, os marginalizados são sobrantes uma vez que as atividades que desempenham, por sua irrelevância econômica, parecem dispensáveis, e os bens que consomem pouco representam no conjunto do mercado. Entretanto, do ponto de vista da sociedade nacional de que uns e outros formam parte, os marginalizados merecem tão legitimamente quanto quaisquer outros setores o título de componentes. E mais ainda porque, freqüentemente, constituem a maioria da população e porque, sendo oriundos dos estratos mais antigos da etnia nacional, são mais autenticamente nativos que outros setores, como os descendentes de imigrantes, por exemplo, que, via de regra, se integram rapidamente ao sistema.

Qualquer análise demonstra que essa situação surgiu no curso de um processo histórico comum que produziu tanto os contigentes integrados quanto os marginalizados. Demonstra, também, que estes últimos, apesar das duras condições que enfrentam, não apenas persistem, mas crescem numericamente. Caso sua incorporação estivesse em marcha ou fosse previsível em algum tempo, tratar-se-ia de uma transição entre duas formas de estruturação social: uma arcaica, em processo de extinção, e outra moderna, em expansão. Como isto não ocorre – uma vez que o sistema ao modernizar-se gera mais marginalizados que integrados – deparamos com uma situação traumática, indicativa da anormalidade estrutural de uma ordenação social que não é dotada da capacidade de corrigir as formas de dissociação que gera.

Desse ponto de vista, não são os marginalizados que constituem a anomalia, como seria o caso se eles se opusessem a participar da vida nacional por serem um quisto inassimilado; ou se fossem incapazes de exercer qualquer atividade no sistema produtivo. Como o contrário é o que ocorre, só resta concluir que a carência e a enfermidade residem na estrutura de um sistema socioeconômico que opera por critérios de conscrição e exploração da força de trabalho, mas não é capaz de conscrever e explorar toda a massa posta à sua disposição, a não ser através de formas arcaicas de interação econômica que condenam a maioria da população a uma condição de marginalidade.

(...) Enquanto estruturadas como formações coloniais-escravistas e depois neocoloniais, exportadoras de produtos primários, as nações latino-americanas experimentaram várias crises econômicas, sobretudo quando certos setores (como a mineração) entraram em colapso, ou quando surgiram novas áreas produtivas (como os engenhos de açúcar no Caribe) que desalojaram antigos provedores do mercado mundial. Nessas ocasiões, o ramo do sistema produtivo que entrava em crise liberava grandes contingentes da força de trabalho. Nas referidas conjunturas, porém, as populações das áreas em recesso se "enfeudavam", submergindo numa economia natural de subsistência. Conseguiam assim sobreviver e até viver melhor porque produziam o que consumiam, experimentando maior ritmo de incremento demográfico.

(...) Desta forma se constituiu e consolidou uma estrutura social constritora do crescimento de uma economia nacional homogênea e do desenvolvimento global da sociedade. A causa fundamental desta conscrição está na estreiteza do projeto das classes dominantes que regeram e sucessivamente modernizaram a ordenação socioeconômica por via da incorporação histórica, renovando e consolidando a dependência e com ela o subdesenvolvimento porque isto correspondia a seus interesses classistas. Não é de admirar, pois, que esta mesma classe dominante olhe hoje sobranceiramente para as massas marginalizadas, procurando culpá-las de seu fracasso." ("Marginalidade estrutural", in *O Dilema da América Latina*, págs. 84-86).

REFLEXÃO E DEBATE

1. Em que sentido e por quais razões Darcy era fascinado pelos índios brasileiros?
2. Qual é a atualidade das idéias de Darcy sobre a universidade brasileira?
3. A construção do Memorial da América Latina, em São Paulo, tem como objetivo integrar simbolicamente os países da América Latina. Por quais meios o Brasil pode se integrar melhor com as nações de fala espanhola?
4. Durante muitos anos o nacionalismo foi rejeitado pelas esquerdas brasileiras. Por que agora ele aparece como fundamental para se lutar contra os processos lesivos da globalização?
5. Por que a esquerda brasileira acredita que uma nação deva ter um patrimônio econômico estatal, ao contrário do que pensam os neoliberais que rejeitam a intervenção do Estado na economia?

BIBLIOGRAFIA

BATALLA, Guilherme Bonfil. *"Darcy Ribeiro, Voz viva de América Latina"*. Universidad Nacional Autonoma, México, 1978.

CALLADO, Antônio; HOUAISS, Antônio; GOULART, Ferreira; NIEMEYER, Oscar; VIANA, Zelito e VENTURA, Zuenir. *Quem é Darcy Ribeiro: Mestiço é que é bom*. Rio de Janeiro: Editora Revan, 1997.

CÂNDIDO, Antônio e outros. *Maíra: um romance dos índios e da Amazônia*. Rio de Janeiro: Record, 1996.

COELHO, Haydée Ribeiro (org). *Darcy Ribeiro*. Belo Horizonte: Editora da UFMG, 1995.

COSTA, Marly de Abreu. *"Educação Brasileira"*. Dissertação de Mestrado. Universidade Federal do Rio de Janeiro, 1991.

FARIA, Lia Cionar. *CIEP: a utopia possível*. São Paulo: Livros Tatu, 1991.

GOMES, Paulo de Tarso. *"A Universidade em Sociedades Subdesenvolvidas: um estudo das propostas de Darcy Ribeiro"*. Tese de Doutorado. Campinas, PUC, 1989.

RIBEIRO, Darcy. *Religião e Mitologia Kadiwéu*. Rio de Janeiro: Conselho Nacional de Proteção aos Índios, 1950.

—. "Os índios Urubus. Ciclo anual de atividades de subsistência de uma tribo na floresta tropical" *in Anais do XXXI Congresso Internacional de Americanistas*, 1955, vol. 1.

—. "The Museum of the Indian", *in Museum*, Revista da UNESCO, 1955, vol. 8, n° 1.

—. Convívio e Contaminação: efeitos dissociativos da depopulação provocada por epidemias em grupos indígenas", *in Sociologia*, 1956, vol. 18, n° 1.

—. "Uirá vai ao encontro de Maíra. As experiências de um índio Urubu-Ka'apor que saiu à procura de Deus" *in Anhembi*, 1957 vol. 26, n° 76.

—. "Culturas e Línguas indígenas do Brasil" *in Separata de Educação e Ciências Sociais*, 1957, vol. 2, n° 6, pp. 4-102.

—. (Com Berta Ribeiro). *Arte Plumária dos Índios Ka'apor*. Rio de Janeiro: Civilização Brasileira, 1957.

—. "Atividades científicas do Museu do Índio, SPI", *in Anais da II Reunião Brasileira de Antropologia*, Salvador, 1957.

—. "O programa de pesquisas em cidades-laboratório", *in Educação e Ciências Sociais*, 1958, vol. 3.

— "O indigenista Rondon", *in Separata da revista Cultura*. Rio de Janeiro: Ministério da Educação e Cultura, 1959.

—. "Anísio Teixeira, pensador e homem de ação" *in Anísio Teixeira, Pensamento e Ação*. Rio de Janeiro: Civilização Brasileira, 1960, pp. 228-326.

—. *A Política Indigenista Brasileira*. Rio de Janeiro: Ministério da Educação e Cultura, 1960.

—. (Com outros autores) "Un Concepto sobre Integración Social", *in América Indígena*, vol. XX, n° 1, 1960.

—. *Plano Orientador da Universidade de Brasília*. Brasília: Editora Universidade de Brasília, 1962.

—. "La Universidad Latinoamericana y el desarollo social" *in Cuadernos*, 1965, n° 16.

—. *O Processo Civilizatório*. Etapas da evolução sociocultural. Rio de Janeiro: Civilização Brasileira, 1968.

—. *As Américas e a Civilização*. Processo de formação e causas do desenvolvimento cultural desigual dos povos americanos. Rio de Janeiro: Civilização Brasileira, 1970.

—. *Os Índios e a Civilização*. A integração das populações indígenas no Brasil moderno. Rio de Janeiro: Civilização Brasileira, 1970.

—. *Os Brasileiros. 1 Teoria do Brasil*. Rio de Janeiro: Paz e Terra, 1972.

—. *O Dilema da América Latina*. Estruturas de poder e forças insurgentes. Petrópolis: Vozes, 1978.

—. *A Universidade necessária*. Rio de Janeiro: Paz e Terra, 1969.

—. *Uirá sai à procura de Deus*. Ensaios de Etnologia e Indigenismo. Rio de Janeiro: Paz e Terra, 1974.

—. *Configurações histórico-culturais dos Povos Americanos*. Rio de Janeiro: Civilização Brasileira, 1975.

—. *Maíra*. Rio de Janeiro: Record, 1976.

—. *UnB – Invenção e Descaminho*. Rio de Janeiro: Avenir, 1978.

—. *Ensaios Insólitos*. Porto Alegre: L&PM, 1979.

— *Kadiwéu, ensaios etnológicos sobre o saber, o azar e a beleza*. Petrópolis: Vozes, 1980.

—. *O Mulo*. Rio de Janeiro: Nova Fronteira, 1981.

—. *Utopia selvagem*. Rio de Janeiro: Nova Fronteira, 1982.

—. *Nossa Escola é uma Calamidade*. Rio de Janeiro: Salamandra: 1984.

—. *Aos trancos e barrancos. Como o Brasil deu no que deu*. Rio de Janeiro: Guanabara, 1985.

—. *América Latina. Pátria Grande*. Rio de Janeiro: Guanabara, 1985.

—. *Sobre o Óbvio*. Rio de Janeiro: Editora Guanabara, 1986.

—. (Com Berta Ribeiro). *Suma Etnológica Brasileira*, 3 vols. Petrópolis: Vozes, 1986.

—. *O Livro dos CIEPs*. Rio de Janeiro: Editora Bloch, 1986.

—. *Migo*. Rio de Janeiro: Guanabara, 1988.

—. *Testemunho*. Rio de Janeiro: Siciliano, 1990.

—. *A Lei da Educação*. Brasília: Senado Federal, 1992.

—. (Com Carlos Moreira Neto). *A Fundação do Brasil* – 1500/1700. Petrópolis: Vozes, 1992.

—. *Universidade do Terceiro Milênio*. Plano orientador da Universidade Estadual Norte Fluminense. Edição Bilingüe português-inglês, *in* Revista Universidade do Terceiro Milênio, 1993, vol. 1, n° 1.

—. *Nossa Herança Política*. Rio de Janeiro: Editora Terceiro Mundo, 1994.

—. *O Brasil como Problema*. Rio de Janeiro: Francisco Alves, 1995.

—. *O Povo Brasileiro*. São Paulo: Companhia das Letras, 1995.

—. *Diários Índios*. São Paulo: Companhia das Letras, 1995.

—. (Com Mércio P. Gomes). "Ethnicity and Civilization", *in Journal of Dialectical*.

—. *Anthropology*, vol. 16, August 1996, pp. 7-25.

—. *Confissões*. São Paulo: Companhia das Letras, 1997.

SÁ, Lúcia Regina. *"A Literatura entre o Mito e a História: uma leitura de **Maíra** e **Quarup**"*. Tese de Mestrado. São Paulo, USP, 1990.

ARTIGOS E ENTREVISTAS SOBRE DARCY RIBEIRO

BRITO, Vera L. Alves. "A luta pela LDB e o projeto de Darcy Ribeiro". *Presença Pedagógica*. Belo Horizonte, março e abril de 1996, vol. 2, n° 8, págs. 18-21.

CAMPOS, Lauro. *"Darcy Ribeiro, o mágico"*. *Correio Brasiliense*. Brasília, 9 de março de 1995, p. 15. Suplemento *O fogo cerrado*.

CANDIDO, Antonio. *"O mágico de Montes Claros"*. *Folha de S. Paulo*, 5 de fevereiro de 1955. Suplemento *Mais*.

CASTELLO, José. *"Paixão esfogueada"*. *Isto É*. 26 de abril de 1955.

CONY, Carlos Heitor. *"A lição de Darcy"*. *Folha de S. Paulo*, 20 de fevereiro de 1997.

DRUMMOND, Roberto. *"Nosso irmão de sonho"*. *Hoje em Dia*. Belo Horizonte, 21 de fevereiro de 1997.

GASPARI, Elio. *"A grande arte do pajé Darcy Ribeiro. Um canto de fé no Brasil e na sua gente"*. *O Globo*, 9 de abril de 1995.

LAPA, J. R. do Amaral. *"Intelectual à brasileira"*. *Leia Livros*. São Paulo, junho de 1970.

MARTINS, Wilson. "A esfinge Brasil". *Jornal do Brasil*, 17 de junho de 1995.

MOURÃO, Gerardo Mello. *"Darcy Ribeiro"*. *Folha de S. Paulo*, 20 de fevereiro de 1997.

NIEMEYER, Oscar. *"Darcy Ribeiro"*. *Folha de S. Paulo*, 5 de fevereiro de 1995.

—. *"Meu irmão Darcy"*. *Jornal do Brasil*, 19 de fevereiro de 1997.

QUEIROZ, Raquel de. *"Louvado para Darcy Ribeiro"*. *O Estado de S. Paulo*, 28 de janeiro de 1995.

VASCONCELLOS, Gilberto, *"Antropologia e Alvorada"*. *Correio Brasiliense*, n° 9, março de 1995. Suplemento *O fogo cerrado*.

VENTURA, Zuenir. *"Um bom selvagem"*. *Jornal do Brasil*, 15 de outubro de 1994.

ZAPPA, Regina. *"Um brasileiro imprescindível"*. *Jornal do Brasil*, 18 de fevereiro de 1997.